折射集
prisma

照亮存在之遮蔽

Guy Debord

La Société du spectacle

当代学术棱镜译丛 · 情境主义国际系列

丛书主编 张一兵　副主编 周宪 周晓虹

景观社会

〔法〕居伊·德波 著　张新木 译

南京大学出版社

《当代学术棱镜译丛》总序

自晚清曾文正创制造局,开译介西学著作风气以来,西学翻译蔚为大观。百多年前,梁启超奋力呼吁:"国家欲自强,以多译西书为本;学子欲自立,以多读西书为功。"时至今日,此种激进吁求已不再迫切,但他所言西学著述"今之所译,直九牛之一毛耳",却仍是事实。世纪之交,面对现代化的宏业,有选择地译介国外学术著作,更是学界和出版界不可推诿的任务。基于这一认识,我们隆重推出《当代学术棱镜译丛》,在林林总总的国外学术书中遴选有价值篇什翻译出版。

王国维直言:"中西二学,盛则俱盛,衰则俱衰,风气既开,互相推助。"所言极是! 今日之中国已迥异于一个世纪以前,文化间交往日趋频繁,"风气既开"无须赘言,中外学术"互相推助"更是不争的事实。当今世界,知识更新愈加迅猛,文化交往愈加深广。全球化和本土化两极互动,构成了这个时代的文化动脉。一方面,经济的全球化加速了文化上的交往互动;另一方面,文化的民族自觉日益高涨。于是,学术的本土化迫在眉睫。虽说"学问之事,本无中西"(王国维语),但"我们"与"他者"的身份及其知识政治却不容回避。但学术的本土化绝非闭关自守,不但知己,亦要知彼。这套丛书的立意正在这里。

"棱镜"本是物理学上的术语,意指复合光透过"棱镜"便分解成光谱。丛书所以取名《当代学术棱镜译丛》,意在透过所选篇什,折射出国外知识界的历史面貌和当代进展,并反映出选编者的理解和匠心,进而实现"他山之石,可以攻玉"的目标。

本丛书所选书目大抵有两个中心:其一,选目集中在国外学术界新近的发展,尽力揭橥域外学术 20 世纪 90 年代以来的最新趋向和热点问题;其二,不忘拾遗补缺,将一些重要的尚未译成中文的国外学术著述囊括其内。

众人拾柴火焰高。译介学术是一项崇高而又艰苦的事业,我们真诚地希望更多有识之士参与这项事业,使之为中国的现代化和学术本土化作出贡献。

丛书编委会
2000 年秋于南京大学

代译序：德波和他的《景观社会》①

张一兵

在一个最不齿旧束缚也最不缺新东西的年代做哲学研究，算是件既有趣也累人的事情。因为新思想与新理念的生产速度往往比我们的脑子转得要快，大量五花八门的"后现代""后马克思""后殖民主义"之类的思潮汹涌而至，常常是前一波的模样还未端详分明，后一浪已经带着油墨香漂洋过海来到跟前。然而看多了以后，我最经常也是最愿意去做的一件事情倒是反过来做**逆溯式的**思想史寻根，往深里去看一看今天这些貌似十分时尚潮流的新东西，究竟是怎样从思想史的旧土壤里一步一步地生发出来的。放严肃一点来说就是：我更愿意去完整地看一看，这些新东西的历史性缘起究竟是什么？我始终以为，倘没有认真走一趟思想史上逻辑寻根的全程，我们必定无法在一种简单的垂直性上真正刈这些新思潮进行一番学术性的科学透视和准确把握。例如，若不去了解马克思的经济拜物教批判和青年卢卡奇的物化理论，不了解列斐弗尔和德波的日常生活异化说以及景观社会理论，当然还必须包括晚年拉康的真实域之说，恐怕就很难准确把握晚期鲍德里亚提

① 作者根据新译本做了修订。

出的作为当今世界本质的"拟像""真实的谋杀"一类命题,更不用说真正去弄懂晚期鲍德里亚文化批判的理论实质。因此,从光怪陆离的新东西里抬起头来,认真补上早先的一些重要思想史环节,实现一种具备历史感的纵向思维和眼光,将是当前学界这一类前沿性研究中首先必须完成的基础性工作。眼前这本由南京大学张新木教授重译的第二版的居伊·德波的名著《景观社会》(*La Société du Spectacle*)①,正是当代西方文化思想史和后马克思思潮中不可或缺的学术缺环之一。毫不夸大地说,《景观社会》是西方马克思主义哲学文化逻辑中非常重要的一个断裂。在这部成书于 20 世纪 60 年代中期的文本里,德波将马克思曾经面对的工业资本主义经济物化现实抽离为一幅离裂于物质生产过程的现代资本主义意识形态性的**总体视觉图景**;而马克思所指认的市场交换中已经颠倒为物与物关系的人与人的劳动关系,也被再一次虚化,成为商业性影像表象中呈现的一具伪欲望引导结构。这,就是社会**景观**现象。德波指出,在当代资本主义社会中,"景观是人们自始至终相互联系的主导模式"②。固然,对于景观的这种被制造性,人们也是心知肚明,却始终沉迷其中无法自拔,以致将自己本真的社会存在忘了个一干二净。用德波的话说,这是一种新的"分离"(异化)关系。由此,马克思的经济拜物教批判转变为一种景观拜物教批判。总体而言,这是一本以社会批判和文化证伪为主题的论著,书中并未集中体现德波和情境主义所提出的"日常生活革命"和建构艺术"情境"一类的变革以及替代性社会改造方案。客观地说,相对于阿多诺奠基的否定性的方法论构件而言,德波开启了通达后马克思思潮的另一条重要现实路

---

① Guy Debord,*La Société du Spectacle*,Éditions Gallimard,Paris,1967.[法]德波:《景观社会》,第一版,王昭风译,南京大学出版社,2006 年;第二版,张新木译,南京大学出版社,2016 年。

② [法]德波:《定义一种革命计划的预备措施》,载《景观社会》,王昭风译,南京大学出版社,2006 年,第 174 页。

径。德波之思,直接影响了后来的鲍德里亚、凯尔纳、阿甘本等人。①
旁的不多说了,在此文中,我希望能概要地介绍一下德波和情境主义国
际的基本情况,以及《景观社会》一书中有关景观批判的要点。

一

居伊-埃内斯特·德波(Guy-Ernest Debord,1931—1994),当代法
国著名思想家、实验主义电影艺术大师,当代西方激进文化思潮和组
织——情境主义国际的创始人。1931 年 12 月 28 日,德波出生于巴黎
的一个商人家庭。其父经营一家药店,这使德波拥有了一个丰裕殷实
的童年。然而好景不长,在德波 5 岁上,父亲就因病去世,家道也从此
中落。1942 年,德波进入波城路易·巴尔图公立中学(Lycée Louis
Barthou)读书,他获得了自己人生中唯一的一份正式学历和文凭。从
此,德波义无反顾地开始了一场作为职业社会活动家和艺术家的曲折
人生。他热衷于文学,特别是对《马尔多罗之歌》的作者洛特雷阿蒙很
是着迷。这位后来深远地影响了超现实主义的著名诗人也在无意之中
完成了德波思想的启蒙。法国解放后不久,德波一家又迁居戛纳。可
以说,青年德波最初的哲学思想缘起于对超现实主义的迷入,这也是
20 世纪众多欧洲另类思想大师共同的思想开端。他于 1957 年组建情
境主义国际,主编《冬宴》(*Potlatch*)、《情境主义国际》等杂志,主要代
表作有:电影《赞成萨德的嚎叫》(*Hurlements en faveur de Sade*,
1952)、《城市地理学批判导言》(Introduction à une critique de la

---

① 　鲍德里亚后来写下的《消费社会》(1970)和《符号政治经济学批判》(1972)都
受到德波的影响(鲍德里亚,《消费社会》,南京大学出版社,2001 年,2014 年)。《符号
政治经济学批判》一书,2015 年由南京大学出版社翻译出版。凯尔纳 2002 年的新书
就叫《媒体景观》(凯尔纳,《媒体奇观》,清华大学出版社,2004 年)。阿甘本有多篇文
章评论德波的《景观社会》。

géographie urbaine，1955）、《异轨使用手册》（Mode d'emploi du détournement，与乌尔曼［Gil Wolman］合著，1956）、《漂移的理论》（Théorie de la dérive，1956）、《关于情境建构和国际情境主义趋势的组织及活动条件的报告》（Rapport sur la construction des situations et sur les conditions de l'organisation et de l'action de la tendance situationniste internationale，1957）、《文化革命提纲》（Thèse sur la révolution culturelle，1958）、《定义一种整体革命计划的预备措施》（Préliminaires pour une définition de l'unité du programme révolutionnaire，与康泽斯［Pierre Canjuers］合著，1960）、《日常生活意识变更的一种视角》（Perspectives de modifications conscientes dans la vie quotidienne，1961）、《关于艺术的革命判断》（Pour un jugement révolutionnaire de l'art，1961）、《关于巴黎公社的论纲》（Sur la Commune，与瓦纳格姆［Raoul Vaneigem］合著，1962）、《对阿尔及利亚及所有国家革命者的演讲》（Adresse aux révolutionnaires d'Algérie et de tous les pays，1965）、《景观-商品经济的衰落》（Le déclin et la chute de l'économie spectaculaire-marchande，1966）、《景观社会》（1967）等。1973 年，德波根据自己的《景观社会》一书拍摄了同名电影。① 1988 年以后，德波写出了半自传体的著作《颂词》（Panégyrique，1989，1997），并继续完成了其《景观社会》的姊妹篇《关于景观社会的评论》（Commentaires sur la société du spectacle，1988），进一步完善了对当代资本主义社会的批判理论。1994 年，德波与布丽吉特·科尔南（Brigitte Cornand）合作，完成了自己最后一部电影《居伊·德波——他

---

① ［法］德波，电影《景观社会》（*La Société du Spectacle*），1973 年，片长为 1 小时 28 分。1974 年，德波又拍摄了短片《驳斥迄今为止所有对〈景观社会〉电影的判断，无论褒贬》（*Réfutation de tous les jugements，tant élogieux qu'hostiles，qui ont été jusqu'ici portés sur le film "La Société du spectacle"*），片长为 21 分钟。这两部电影都是他自己做编剧和导演，在后一部影片的开始，德波自己还有一段措辞强硬的独白。德波生前禁止播映自己的影片，在他去世后，他的几部电影才得以问世。2001 年威尼斯电影节曾经播放过德波的相关影片。

的艺术和时代》(*Guy Debord，son art et son temps*)。影片完成之后，当年 11 月 30 日，德波在其隐居地自杀身亡。享年 63 岁。

德波一生最重要的两件事，一是 1957 年创立情境主义①国际 (Situationist International，1957—1972)，二是完成这部著名的《景观社会》。前者成了德波一生从事文化革命实践的基地，后者则是他最主要的理论贡献。

首先来看看情境主义国际。情境主义国际是 20 世纪中后期欧洲非常重要的一波社会文化思潮，它既是直接影响欧洲现当代先锋艺术和激进哲学话语的重要思想母体，也是《景观社会》一书的直接实践母体。在法国 1968 年的"红色五月风暴"中，作为一种批判的艺术观念，情境主义在西方近现代历史进程中第一次成为所谓的新型"文化革命"的战斗旗帜。情境主义的主要代表人物除了我们这里介绍的德波，还有瓦纳格姆、德塞托(Michel de Certeau)等人。② 我发现，情境主义思潮其实深刻地影响了后来在后现代语境中格外活跃的几个显要角色，其中包括鲍德里亚，以及作为晚期马克思主义理论家的哈维和凯尔纳等人，也是当代消费社会批判理论、后现代思潮的关键性学术资源。

情境主义国际成立之初，沿袭了很深的文学和先锋派艺术根源或者说传统。这些传统一直可以追溯到达达主义、未来派和超现实主义等欧洲先锋艺术运动，它们通过几个后起的先锋派团体的理论与实践，直接注入情境主义国际。上述先锋派团体的思想，直接或间接地生发出情境主义国际的早期观念，一举奠定了情境主义国际的理论基础和发展方向。此间所说的这些先锋团体主要是指:实验艺术家国际(The International of Experimental Artist)、字母主义运动和字母主义国际 (Letterist Movement and Letterist International)和包豪斯印象运动国际(The International Movement for an Imaginist Bauhaus)。它们的形

---

① 台湾学者将其译作"造势主义"。

② 瓦纳格姆的《日常生活的革命》和德·塞托的《日常生活实践》(二卷)二书，也已经由南京大学出版社翻译出版。

成大都与当时欧洲独特的社会历史情境紧密相关,尤其是与 20 世纪初以来资本主义世界内部频频爆发的社会经济危机,以及两次世界大战以后笼罩欧洲大陆的悲观情绪有着深刻的内在关联。它们在不同程度上,或多或少都秉承了达达主义、未来派和超现实主义的传统,试图以各种先锋派艺术的方式反抗或改造异化了的西方社会现实。

实验艺术家国际拒绝现实主义和抽象艺术,他们试图通过连续不断的实验来寻求一种原初的和更直接的表达形式,同时,他们还提出了创造一个新的城市环境的思想。康斯坦特(Constant)进一步发展了城市环境的概念,并将其注入情境主义国际。字母主义运动的发起人伊索(Isou)则把都市青年人作为一个独特的阶级进行了分析。他认为,这个阶级尽管是被剥削的和未被充分重视和代表的,但因为尚未为家庭和工作所累,他们游离于市场之外,有幸免受资本主义市场的控制,因而享有相对超拔的自由。伊索的功绩在于第一个看到了这个非传统“阶级”的革命潜能。以上观点在马尔库塞那里得到了进一步的发展。字母主义国际把业已由字母主义运动提出的建筑和行为理论付诸实践,并进一步阐释了“总体都市主义”(unitary urbanism)概念。这一概念的起点是如下一种理念:建筑会直接影响居住在建筑之中的人的存在,并且这种影响远远超乎一般的想象。因此,关于建筑的批判性审视就成了生活批判的一条新途径。字母主义国际提出的另外一些概念,譬如心理地理学(psychogeography)、漂移(dérivé)和异轨(détournement)等,也都在后来的情境主义国际有所发展和运用。包豪斯印象运动国际也宣称,有必要根据“总体都市主义”,利用所有的艺术和现代技术手段来建构一个完整的城市环境,并且认识到在“总体都市主义”与未来的生活方式之间将存在本质上的相互依赖关系。可见,以上各派别的思想存在很大的形似性,具体来说就是它们都提出变革当下社会现实的要求,并且各自的理论着力点大都在日常生活经验的批判上,并也都积极要求建构人的具体的生活情境(situations),以获得更加完善的生存状态。

理论上的共同之处和实践活动的需要，必然逻辑地牵引出 1957 年情境主义国际成立前夕由德波撰写的《关于情境建构和国际情境主义趋势的组织及活动条件的报告》。这篇报告开门见山：他们认为这个世界必须被改变，情境主义就是要对这个束缚人的社会和生活进行彻底的解放和变革。德波在报告中简要论述了现代资本主义社会的文化及意识形态问题，梳理并总结了各先锋派艺术的历史，更重要的是整理和提出了较为明确完整的情境和景观（spectacle）的概念、情境主义的理论和实践目标，包括其时紧迫的现实任务："我们必须到处向主导文化展现出一种革命性的选择，调整目前正在进行但缺乏能被充分理解的观点的研究，并且，为了能够实现集体行动，通过批判和宣传来鼓励那些所有国家里最先进的艺术家和知识分子与我们取得联系。"

至此，情境主义国际已经呼之欲出了！

二

1957 年，字母主义国际与包豪斯印象运动国际合并，在意大利的国际会议上正式宣告成立情境主义国际。从此时算起，直到 1972 年宣布解散，情境主义国际的存在先后历时十五年。在目前可参考的资料中，根据情境主义国际思想发展及组织变化情况，学界一般把情境主义国际这十五年的历史发展大致划分为三个阶段，即 1957 年—1962 年的"先锋派时期"、1962 年—1968 年的"从分裂到革命"和 1968 年—1972 年的"从革命到分裂"。

总体而言，在先锋派时期，情境主义国际致力于寻求艺术和政治之间某种新的结合。这期间，他们创作了大量各色各样的艺术-政治作品，如他们自己创办的杂志（由德波创办的情境主义国际的杂志《冬宴》和《情境主义国际》）、各种小册子、剪贴簿、演讲录音、会议、展览、绘画、建筑的模型和规划、电影、联合抵制行为、对景观文化事件的破坏，等等。在此之上,最为重要的是他们进一步明确和阐释了"建构情境"(constructed situation)的概念。《情境主义国际》杂志的第一期就对该概念做了明确的定义:由一个统一性的环境和事件的游戏的集体性组织所具体而精心建构的生活瞬间。这个定义同情境主义国际创立之前的"总体都市主义"思想渊源颇深(实际上,"总体都市主义"在情境主义国际初期的理论中仍是一个重要概念)。后来"情境主义"的概念就是从这个核心观念发展而来的。"情境主义者就是从事于建构情境的人",他必须"从事建构情境的理论和实践活动",或者指情境主义国际的成员。

在这个时期中值得一提的还有另外一个重要事件,即1960年举行的情境主义国际第四次会议。会上一方面对情境主义国际的组织模式进行了调整,即由原来各国分部"联合"的形式改为"中央委员会"形式;另一方面,也是更为主要的一个方面,即情境主义国际的理论及活动重心发生了第一次转移,会议将其基础纲要从原先的"总体都市主义"转换为"游戏的解放"。以他们之见,在高级资本主义社会发展阶段,被解放的娱乐活动业已取代了被迫的工作和消极的自由时间之间的分裂,游戏问题成了对自由时间加以组织的问题。自由时间的解放是日常生活革命的前提和基础。马尔托斯(Martos)将这次会议视为情境主义国际的一个转折点,他认为,情境主义国际的整个历史是一个不断成熟的发展进程,即从艺术批判扩展到日常生活批判,再发展到对整个社会及其革命成果的批判。之所以说它重要,还因为自1961年的第五次会议开始,情境主义国际内部就逐渐发生了分歧,并最终在1962年出现分裂,部分情境主义国际成员被分离出去,于1962年3月组成第二情境主义国际(情境主义国际Ⅱ)。该次分离宣告了情境主义国际第一阶段的结束。

情境主义国际发展的第二个阶段是一个过渡性阶段,此时,国际将其研究重点由创作艺术-政治作品转向发展关于景观的批判理论。1966年6月在巴黎举行的第七次会议上,国际的成员们讨论了一些革命议题，包括革命团体的组织问题、情境主义国际与当代革命力量之间关系的发展问题、革命和不发达经济等。当年，情境主义国际与斯特拉斯堡大学的学生取得了联系，并在斯特拉斯堡大学学生会的资助下出版了一本名为《关于大学生生活的贫困——对经济的、政治的、心理的、性别的特别是智力方面的关注及其补救的可行性提议》(De la misère en milieu étudiant considérée sous ses aspects économique，politique，psychologique，sexuel et notamment intellectuel et de quelques moyens pour y remédier)的小册子。起初，这个小册子的主要内容是关于学生现实生活的批判，后来渐渐扩展为对整个社会现实的批判，情境主义国际也由此在激进学生中名声大噪。

1967年，德波的《景观社会》和瓦纳格姆的《日常生活的革命》几乎同时出版，两本书都详尽阐述了景观的概念——这个概念几乎在10年前就已出现，并贯穿情境主义国际后来的整个革命历史。我认为，这两本书在理论逻辑层面上将情境主义国际推向了学术巅峰。

以德波的《景观社会》为例，我们不难发现，《景观社会》直接受到了黑格尔、马克思和青年卢卡奇的思想影响。倘若对这一文本进行孤立的阅读，此书是极其艰涩含混的，但假使将其置入情境主义理论的整体背景来审视的话，它对当今资本主义社会的分析显然有着独特见解。书中最闪光的思想是：资本主义业已超越了它的生产阶段，利用饥饿来实现对被剥削阶级的统治已经是资本主义上个阶段的陈年旧事了。这是哈贝马斯、鲍德里亚等人后来重点阐述的超越"生产之镜"一类论点的隐性理论前提。根据德波的描述，当代资本主义社会已经从生产阶段发展到了一个独特的景观阶段，在这个阶段里，生活的每个细节几乎都已经被异化成景观的形式："所有活生生的东西都仅仅成了表征。"如果说资本主义生产方式在人的生存方式上已经从存在堕落为占有，那么景观社会则进一步把占有转变为外观。考虑到情境主义国际对资本主义社会中作为主体的人的生产状态一直不减的积极关注和对人之异化状态所做出的强烈反抗的姿态，再加上当时各种复杂的社会危机，我们就很容易理解情境主义国际最终为什么会与即将到来的 1968 年法国"红色五月风暴"合流。

1968 年的"红色五月风暴"是整个情境主义国际历史最重要的转折点。在这次革命运动中,情境主义国际声誉日隆,甚至可以说达到了自身发展在现实中最辉煌的顶点。德波自己说,1968 年的学生造反运动使《景观社会》"一举成名"。[①] 20 世纪 60 年代,战后的繁荣从某个角度上看推进了法国经济的发展,但失业和低工资普遍存在。整个社会弥漫着悲观绝望的灰色情绪,在西方思想界的煽动和风云际会的世界政治局势的影响下,法国人甚至有些群情激愤。山雨欲来,一场现代社会条件下反抗主体异化的大革命可谓一触即发。"五月风暴"发生之后,情境主义国际也积极地参与到左派学生运动的革命斗争中。值得注意的是,在研究"红色五月风暴"的一般文献里,人们大都将思想领域中的萨特、加缪、马尔库塞、列斐弗尔,政治领域里的托洛茨基、列宁、毛泽东、卡斯特罗、格瓦拉、胡志明等人作为精神领袖,很少提及情境主义国际及其成员的理论和实践贡献,但实际上,"五月风暴"中许多著名的标语出自情境主义国际成员之手,如"让想象力夺权"(瓦纳格姆)、"我们拒绝用一个无聊致死的危险去换取免于饥饿的世界"(德波),等等,这些都成为革命重要的催化剂和精神标识。他们在如火如荼的学生运动中看到了无产阶级革命的可能性,也看到了建构反对主体异化的情境的可能性。他们积极主张成立直接民主和自治的工人委员会(Workers' Council):当下的斗争就是要消除雇佣劳动、商品生产和政府。革命的目标就是要进入自觉意识的历史,制止所有的分离和独立于个体存在的东西。"无产阶级革命已自发地在委员会中勾画出了自己的正确的形式……工人阶级现在知道了它的敌人和自己行动的适当的方法。革命组织不得不认识到不能再用异化的形式来反对异化了。"

---

① [法]德波,《景观社会》,张新木译,南京大学出版社,2016 年,《法文第三版序言》第 1 页。

《景观社会》)既然所有其他革命形式都导向自己目标的反面,那么工人委员会是唯一的解决方法。就这一点而言,情境主义国际在理论上和革命实践上都是积极的和建构性的。

第三个时期,"从革命到分裂"。"红色五月风暴"失败之后,来自情境主义国际内外的各种问题日益凸显暴露,最终不可避免地走向了自身"体面"的解散。革命的高潮终于过去,冷静下来的情境主义国际内部开始了沉闷而冗长的争论,并重新确定了 1968 年"红色五月风暴"之后情境主义国际的发展方向。尽管根据情境主义国际自己的判断,"红色五月风暴"证明了他们在理论上的正确性,但他们同时也意识到自己的革命实践方式尚未成熟。冷静的反思也容易消磨激情,在这种看不见尽头的深思中,情境主义国际也日益消沉下去。1972 年,德波与人合作出版了《真正的分裂》(*La Véritable Scission dans l'Internationale*)的小册子,正式宣布情境主义国际解散。这本小册子中有这么一段话:不再有任何"国际"性的必要了,因为"情境主义者无处不在,他们的目标无处不在"。实际上,从此之后,德波的情绪也一路走低,再也没能高亢起来。[①]

三

以下,我们开始真正进入德波的《景观社会》文本。此书共九章,221 节。初看起来,德波的文风颇有几分帕斯卡尼采式的味道。但与那种拒斥理性同一性的非逻各斯文本不同的是,《景观社会》有着自己明晰的理论逻辑结构。仔细端详,这本书看起来倒更像是某个理论学术文本未完成的写作提纲。篇幅所限,本文中我们具体只看作为德波此书中最重要内容的"景观"概念。

我认为,德波写作《景观社会》一书的理论意图其实相当显明,他希

[①]　以上关于情境主义国际的讨论,在背景资料上得到我的学生姚继斌的帮助。

望以此宣告一个新的历史断代,即宣告马克思所面对的资本主义物化时代而今已经过渡到他所指认的视觉表象化篡位为社会本体基础的颠倒世界,或者说过渡为一个社会景观的王国。德波明确提出,在今天的时代,"景观—观众的关系本质上是资本主义秩序的牢固支座"①。故而,贝斯特和凯尔纳指认德波的理论是"第二次世界大战后对马克思理论进行修正的一种尝试"②。贝斯特还指认了更重要的一层理论支援背景,即整个情境主义的观念都不同程度地基于葛兰西的批判逻辑:当代资本主义的社会控制不再是外部的强制力量,而是建立在认同之上的一种文化霸权,此处,这种霸权就体现为景观。③ 此话的确不无道理。在此书的第一章,也是最重要的一章中,德波描述了他眼中这一次重大过渡的基本内容和特征,严格来说就是景观现象发生的基本路径和存在特征。

在第一章的开篇"引语"④中,德波援引了费尔巴哈《基督教的本质》第二版序言里的一段话,核心要义是批判基督教神学语境中那个上帝之城的幻象取代人之真实感性生活的断言。费尔巴哈指认那是一个"影像胜过实物、副本胜过原本、表象胜过现实、现象胜过本质"的被颠倒的时代。而固守人本主义立场的费尔巴哈则提出重新颠倒这种伪真实逻辑,以消除神学幻象、复归人之真实感性存在。众所周知,在《关于费尔巴哈的提纲》中,马克思对费尔巴哈宗教批判的指控主要是说后者把宗教世界归结为世俗世界的要求的提法虽然是正当的,但是未进一步说明神学想象世界产生的原因恰恰在于现实中"世俗基础的自我分

---

① [法]德波:《定义一种整体革命计划的预备措施》,载《景观社会》,王昭风译,南京大学出版社,2006 年,第 174 页。

② [美]贝斯特、凯尔纳:《后现代转折》,南京大学出版社,2002 年,第 102 页。

③ 参见[美]凯尔纳:《鲍德里亚:批判性的读本》,江苏人民出版社,2005 年,第 65 页。

④ 德波的《景观社会》一书共分为九章,文本由 221 段帕斯卡尼采式的警言文字组成,每段文字长短不等。在每一章的开始,德波都选用了一段他人的文字作为开章引语。

裂和自我矛盾"。在这个著名论断中,马克思提出了以下的表述——"世俗基础使自己从自身中分离出去,并在云霄中固定为一个独立王国"①。马克思的原意是,基督教在神学幻象中建立的上帝之城,实质是出于现实封建土地上专制统治的意识形态需要。而德波在此不落痕迹地借用费尔巴哈马克思这一双重语境来确立自己全新的立意:与上帝之城异曲同工,当今资本主义世俗基础已经将自身分离②出来,在茫茫的总体性景象群中建立了一个同样虚幻的景观社会。德波认为,"费尔巴哈根据他所处时代的现实状况曾作出这样的判断,他的时代喜欢'符号胜于所指;摹本胜于原本;幻想胜于现实'。他的判断已经完全被景观时代所证实"③。以下,不妨来看看德波自己的理论说明。

文本的第一段文字如下:"在现代生产条件占统治地位的各个社会中,整个社会生活显示为一种巨大的**景观**的积聚。直接经历过的一切都已经离我们而去,进入了一种表现。"④这也是德波该书中最著名的一句断言。

为了更好地理解德波的这段名言,我们还是先来看一下作为德波理论逻辑核心的景观概念。景观⑤,是德波这种新的社会批判理论的关键词,原意为一种被展现出来的可视的客观景色、景象,也意指一种主体性的、有意识的表演和作秀。德波借其概括自己看到的当代资本主义社会新特质,即当代社会存在的**主导性**本质主要体现为一种**被展**

①　[德]马克思:《关于费尔巴哈的提纲》,载《费尔巴哈》,人民出版社,1988年,第88页。

②　德波将义本的第一章命名为《完成的分离》。

③　[法]德波:《景观社会评论》,梁虹译,广西师范大学出版社,2007年,第28页。

④　[法]德波:《景观社会》,张新木译,南京大学出版社,2016年,第3页。

⑤　景观(spectacle)一词,出自拉丁文"spectae"和"specere"等词语,意思都是观看、被看。台湾学者也将其译为"奇观"。我个人以为,"spectacle"不是什么令人惊奇的观看,恰恰是无直接暴力的、非干预的表象和影像群,景观是存在论意义上的规定。它意味着,存在颠倒为刻意的表象。而表象取代存在,则为景观。德波第一次使用"景观"一词,是在他发表在《情境主义国际》1959年第3期的关于《广岛之恋》的影评文章中。据胡塞的考证,"景观"一词应该是源自尼采的《悲剧的诞生》一书。

现的图景性。人们因为对景观的迷入而丧失自己对本真生活的渴望和要求,而资本家则依靠控制景观的生成和变换来操纵整个社会生活。显然,德波指认上述景观性为当代资本主义最重要的本质特征,并将这个观点视作自己最重要的理论新发现。不难看出,支配德波景观概念的是一种二元性人本主义**价值悬设逻辑**,其眼中的社会景观与社会的真实存在二者处于一个对立的"是"与"应该"的批判张力弧之中。

其实,德波的深层理论逻辑与1845年以后马克思所具有的那种历史唯物主义视域是完全异质的。在德波这里,景观是一种由感性的可观看性建构起来的幻象,它的存在由表象所支撑,以各种不同的影像为其外部显现形式。尤为重要的是,**景观的在场是对社会本真存在的遮蔽**。后来,鲍德里亚又在此基础之上发明了"类象"一词,然而后者所谓的类象的定位是存在论意义上的根本性篡位,因为它比原本存在更加真实。此外,德波进一步循着马克思的批判逻辑,推断景观生成的本质在于当代资本主义社会现实的自我分离。我认为这个分析倒是切中要害。随后我们将发现,德波笔下的这个分离是一出在本体论意义上开演的悲情戏,也是社会存在异化的现实基础。

通观全书,德波在本文中并未从理论逻辑上直接界定景观的概念,而是试图通过研究性的讨论来背景性地指认这一现象。关于景观,倒是在后来的弗尔茨和贝斯特笔下有过比较明确的定义族。首先,景观指"少数人演出,多数人默默观赏的某种表演"。所谓的少数人,当然是指作为幕后操控者的资本家,他们制造了充斥当今全部生活的景观性演出;而多数人,指的则是那些被支配的观众,即我们身边普通的芸芸众生,他们在"一种痴迷和惊诧的全神贯注状态"中沉醉地观赏着"少数人"制造和操控的景观性演出,这种迷入性的"看""意味着控制和默从,分离和孤独"。所以,鲍德里亚用"沉默的大多数"来形容痴迷的观众们。① 德波后来也曾经刻画过这个"大多数",他说:"观者只是被简单地设想为一无所知、无所应答者。那些总在观望下一步会发生什么事的人是永远不会行动起来的,这显然就是观者的情形。"②其次,景观并不是一种外在的强制手段,它既不是暴力性的政治意识形态,也不是商业过程中看得见的强买强卖,而是"在直接的暴力之外将潜在地具有政治的、批判的和创造性能力的人类归属于思想和行动的边缘的所有方法和手段"。所以,景观乍看起来是去政治化的,"景观的最重要的原则是不干预主义",然而,也只有不干预中的隐性控制才是最深刻的奴役。其三,在景观所造成的广泛的"娱乐"的迷惑之下,"大多数"将彻底偏离自己本真的批判性和创造性,沦为景观控制的奴隶。③ 这当然也是后人的重新概括和分析。贝斯特还有另外一种概括——"景观的现实是:(1) 一种真正的社会阶级统治的机构设施;(2) 一种意识形态,源于现实的社会状况,'已经变得十分实际,并在物质上得以解释';以及(3) 这种意识形态拥有一种真正的'催眠行为'和刺激力量"④。

好,在讨论过景观概念之后,现在我们再回到德波的文本。显而易见,上文引述的德波那段话是对马克思话语的故意改写。在《资本论》第一卷的开篇,马克思就告诉我们,"资本主义生产方式统治下社会的财富,表现为'一个惊人庞大的商品堆积'"⑤。他从作为资本主义市场经济细胞的商品出发,一步一步引领我们探索各种形式迥异的物与物关系背后所真实存在的货币、资本关系,尤其是资本家获得剩余价值的秘密。而德波一上来就提出了一个与马克思截然不同的时代断言,他

---

① 参见[美]凯尔纳《鲍德里亚:批判性的读本》,江苏人民出版社,2005 年,第210 页。

② [法]德波:《景观社会评论》,梁虹译,广西师范大学出版社,2007 年,第 13 页。

③ [美]弗尔茨、贝斯特:《情境主义国际》,载《新马克思主义传记辞典》,重庆出版社,1990 年,第 767 页。

④ [美]贝斯特:《现实化的商品和商品化的现实:鲍德里亚、德波和后现代理论》,载凯尔纳《鲍德里亚:批判性的读本》,江苏人民出版社,2005 年,第 81 页。

⑤ [德]马克思:《资本论》,人民出版社,1953 年,第 1 卷,第 1 页。

认为在今天这个"现代生产条件占统治地位的各个社会中",原先那个物性的商品经济世界已经转化成景观的总体存在,转变的实质在于"直接经历过的一切都已经离我们而去,进入了一种表现"。请一定注意,此处发生了一场**二重颠倒**!马克思面对的资本主义经济现实是人与人关系的**经济物化颠倒**,而德波的新发现是这个已经颠倒的物化本身的**表象化再颠倒**。不难发现,德波其实并未真正理解马克思的物化批判理论,他的观点,成了后来鲍德里亚用"符号政治经济学"取代马克思的"政治经济学"的重要逻辑线索,也是后马克思思潮理论逻辑发端的重要来源之一。德波是在本体论的意义上来使用"表象化"一词的,意指资本主义社会的物化存在沦为**故意呈现出来**的表象,一种新的伪存在,或者叫伪存在的"二次方"。

关于这一点,德波曾经做过相当详尽的剖析,他认为可以将资本主义经济发展划分为两个阶段:

> 经济对社会生活进行统治的第一阶段,在对任何人类成就的定义中,曾经导致一种从**存在**滑向**拥有**的明显降级。而通过经济的积累结果对社会生活进行整体占领的当今阶段,正在导致一种从**拥有**面向**显现**的总体滑坡,而任何实际的"拥有"只能从这种滑坡中获取它的即时名望和最终功能。同时,任何个体的现实也都成为社会的现实,直接依赖于社会的威力,由社会的威力来造就。正因为这个现实并**不存在**,所以它只能被允许出现。①

资本主义生产方式的本质是"经济统治社会生活",马克思形容其为外在于个人的市场的经济力量支配了整个社会存在。在德波眼中,第一个阶段可以说是人的存在方式"从存在滑向拥有"的堕落。这话并不直接来自马克思,个中的支援背景倒颇有几分神似于人本主义的逻

---

① [法]德波:《景观社会》,张新木译,南京大学出版社,2016年,第8页。

辑。马克思自己曾在狭义历史唯物主义或历史现象学中对此做了科学的说明:前资本主义生产方式中人们之间的**直接**劳动关系。此外,在马克思那里,资本主义生产方式的本质恰恰不是对象的直接占有关系,而是资本**所有**关系在其中的统治地位。通俗一点而言,资本主义生产方式恰恰是以从对物的直接占有(这是封建关系的特征)到生产资料的所有关系的转变为特点的。资本家手中持有的并不是物,而是可以支配和统治物与人的资本所有关系。此即德波理论分析中存在的问题。德波这个论点与弗罗姆的人本主义理论定位倒是有些异曲同工的意思。① 不过,最重要的是,德波认为,当前资本主义生产方式所处的发展阶段的本质是"从拥有面向显现"的普遍转向,即他自己所说的社会存在表象化已突显为资本主义的主导性范式。显而易见,德波试图展示当前资本主义社会中的新情况,问题是他这种个体现实沦为社会现实,个人受制于社会力量的塑形观点并不是什么新鲜事物。从马克思开始,包括斯密、李嘉图以及作为哲学映照的黑格尔,都早已自觉意识到自工业化生产与资本主义市场经济产生以来,在充分劳动分工的基础上,作为社会总体性的抽象劳动取代了感性具体的个人劳动,而个体活动的价值实现也只能通过市场承认才能实现。比照而言,德波此时的表述既失之于不够准确,也实在称不上是新的理论发现,反倒是他那个关于原先的实际的"拥有"在当今社会生活中都必须来自其"即时名望和最终功能"的观点,多少算得上是德波独到的理论说明。其实,德波真正想说的是,原先经济社会生活中实际存在的关系(注意:他并未准确地洞悉社会关系的物化)而今已转化为一种依托于**表象式的名望**。他所说的"正是因为这个现实并不存在,所以它只能被允许出现",其实也是对马克思的一种改写,如果说在后者笔下,资本主义社会生活中人与人之间真实的直接关系倘不能物化为物与物的关系就无法顺利实现的话,那么到了德波这里,则成了个人的现实如果不能被虚化为一种非

---

① 参见[德]弗罗姆:《存在还是占有》,北京三联书店,1988年。

真实的景观式的"名望",个人就将一无所有,换句话说,也可以叫无名
则无利。我以为,德波的这个判断是十分深刻和敏锐的,放眼今日我们
周遭的世界,所有的事物,倘不出现在报纸和电视上,似乎就不存在。
就此意义而言,生活的表象化和景观化是本体论的。

> 在现实世界自行变成简单图像的地方,这些简单图像就
> 会变成真实的存在,变成某种催眠行为的有效动机。景观作
> 为一种**让人看到**的倾向,即通过各种专门化的中介让人看到
> 不再能直接被人们抓取的世界,它正常情况下会在视觉中找
> 到特别的人类感官,而这种感官在其他时代曾经是触觉;最为
> 抽象的感官,最为可神秘化的感官,正好对应于当前社会的普
> 及化抽象。然而景观并不等同于简单的目光,即使与听觉相
> 结合亦然。景观就是逃脱人类活动的那个东西,它摆脱了人
> 类对事业的重新考虑和修正。它是对话的反面。在具有独立
> **表现**的任何地方,景观就在那里重新形成。①

真实世界沦为简单的图像,影像却升格成看似真实的存在。鲍德
里亚有言,"原始社会有面具,资产阶级社会有镜子,而我们有影像"②。
上述变化的实质在于虚构的东西已经使人们不自觉地处于被麻痹的
"催眠"状态。恍如魔术师手中高明的戏法,各种"专门化的中介"一夜
之间成了主角,景观由此"在视觉中找到特别的人类感官,而这种感官
在其他时代曾经是触觉"。其实,在德波的时代,大众媒介尚处于刚刚
在场的初始状态,对社会生活的影响远不如现今霸权式的全球媒介网
来得深刻和广泛。也是在这个意义上,后来的凯尔纳将德波的景观发

---

① [法]德波:《景观社会》,张新木译,南京大学出版社,2016年,第8页。
② [法]鲍德里亚:《消失的技法》,载《视觉文化读本》,广西师范大学出版社,
2003年,第76页。

展为今天横行全球的媒介景观。① 当然,所谓的"视觉"是哲学上的看。德波的意思是,过去,我们还是通过操作具体的物质实在来改变世界,或者说当时我们的触觉尚能稳居特别的地位,而现今起决定性作用的已经是视觉了——必须**让人看到!** 正是在这个思路上,后来甚至有人指认当前社会已经是"视觉成为社会现实主导形式"的"影像社会"(society of the image),理论上也称"视觉或者图像的转向",②还有人将其称为"视觉中心主义"([ocularcentrism]马丁·杰语)。这一点,似乎已经成了批判理论中的共识。更重要的是,德波进一步指出,景观的本质是拒斥对话。景观是一种更深层的无形控制,它消解了主体的反抗和批判否定性,在景观的迷入之中,人只能单向度地默从。如是,方为景观意识形态的本质。

对此,德波心生感慨:"景观是西方哲学规划**全面虚弱**的继承者,这个规划是受**观看**类别支配的对活动的理解;景观同样也建立在对精确技术理性进行不断展示的基础之上,而这种技术理性恰恰就来自这种思想。"③不同的是,这种本体之看导引出存在本身的表象化,而表象正是资本主义新的存活方式。鲍德里亚则指认这是一种"赋予内容的表现以优先权的"唯心主义。④

这个所谓的本体论语境中的"表象化"让人联想起康德的认识论革命。众所周知,康德从休谟的命题出发,做出了自然界总是以特定的形式向我们(主体)呈现,而呈现本身是先天理性构架统摄的结果的结论,康德的深刻之处在于他洞悉了以下事实:这个结果并不是事物(物自体),而只是一种被先天综合判断整合过的"现象"。康德之后,黑格尔

---

① 依凯尔纳的定义,这种新的媒介景观是指"能体现当代社会基本价值观、引导个人适应现代生活方式,并将当代社会中的冲突和解决方式戏剧化的媒体文化现象,它包括媒体制造的各种豪华场面、体育比赛、政治事件"。参见凯尔纳:《媒体奇观》,清华大学出版社,2004 年,第 2 页。

② [斯]艾尔雅维茨:《图像时代》,吉林人民出版社,2003 年,第 5—6 页。

③ [法]德波:《景观社会》,张新木译,南京大学出版社,2016 年,第 9 页。

④ [法]鲍德里亚:《生产之镜》,中央编译出版社,2005 年,第 116 页。

继续抓住理性逻辑构架并将其建构成新的造物主,而马克思的功绩则是不依不饶地剥离了这个造物主身上思辨的外衣,暴露出工业性现代性的资本关系和暴力性结构的真实面目,从而批判性地指认了资本逻辑的物化狡计。德波的动作与这几位前辈是一脉相承的,他将颠倒了的物化指认为表象化的呈现,将颠倒再次做了个颠倒。在马克思那里,商品周身尚维持着一个可直接触摸的感性物质外壳,而到了今天的资本主义生活中,连那张"跳舞的桌子"——神秘的物的外壳都蒸发了。茫茫世界,触觉完全失去了用武之地,唯余眼前诱人的影像叠映出来的景观。不过,这并不是说物真的就变成了完全虚无的景象,德波说的是,在生活中,**景象成了决定性的力量**。景象制造欲望,欲望决定生产,也就是说物质生产虽然依旧是客观的,但是是在景象制造出来的假象和魔法操控之下劳作的。好一个颠倒又再颠倒的世界!"在被**真正地颠倒**的世界中,真实只是虚假的某个时刻。"①景象叠映景象,人就生活在这光怪陆离的虚假幻象之中,悲情地依靠幻象而活。

> 从生活的每个方面脱离出来的图像,正在融合到一个共同的进程中,而在这个进程中,这种生活的统一性不再能够得到恢复。**部分地**看到的现实展开在其自身的普通统一性中,成为**边缘的**伪世界,成为仅仅被凝视的客体。世界图像的专业化已经完成,进入一个自主化的图像世界,在那里,虚假物已经在自欺欺人。而普通意义上的景观,作为生活的具体反转,成了非生者的自主运动。②

景观是生活的具体颠倒,它由"部分地看到的现实"叠映而成,构筑了一个非生命之物的自主自足的自在运动,其本质是影像编织成的被隔离的"虚假世界"。所以,"现实突然出现在景观中,使得景观成为真

---

① [法]德波:《景观社会》,张新木译,南京大学出版社,2016 年,第 5 页。
② [法]德波:《景观社会》,张新木译,南京大学出版社,2016 年,第 3 页。

实。这种相互的异化是现存社会的本质和支撑"①。

四

关于景观的统治形式问题，最早是德波在《景观社会》第 64—65 节中提出的。他将景观区分为两种主要形式：**集中的**（*concentrée*）景观和**弥散的**（*diffuse*）景观。

"集中的景观物主要归属于官僚政治资本主义"，这是一个理论定位。作为一种技术而言，所谓的集中的景观可能是由欠发达社会在试图加强国家权力时引入的，或者是在发达资本主义国家中特定的危机时刻出现的。从本质上看，集中的景观就是官僚政治专政的工具。

> 集中的景观物主要归属于官僚资本主义，此外它还可以被当作国家权力的技术被引进，作为管理更为落后的混合经济的技术，或在发达资本主义的某些危机时刻的管理技术。确实，官僚特性本身就向这个方面集中，即个体官僚只有通过官僚群体的中介，并且充当其群体的成员，才能与对总体经济的拥有发生关系。此外，商品生产在不太发达的情况下，也会以集中的形式呈现出来：官僚制度掌握的商品，就是全部的社会劳动，而它出售给社会的东西，就是它成块的存活。官僚经济的独裁不能给被剥削大众留下任何可观的选择余地，因为它自己大概已经做了全部选择，而其他任何的外部选择，不管是涉及食物还是涉及音乐，都已经是它完全毁灭的选择。官僚独裁必须伴随一种持久的暴力。②

在德波眼里，纳粹时期的法西斯国家就是集中景观的典型，也可以

---

① ［法］德波：《景观社会》，张新木译，南京大学出版社，2016 年，第 5 页。
② ［法］德波：《景观社会》，张新木译，南京大学出版社，2016 年，第 36 页。

说是发达资本主义社会出现危机时生成集中景观的案例。不过,德波不恰当地将苏联式的"斯大林主义"也列于其中,并将之作为欠发达社会加强国家权力时引入集中景观的现象。在此,德波连举了几个例子,譬如官僚集团把持作为全部社会劳动的商品,而社会只得到某些"成块的存活";譬如国家利用官方声明将许多光彩形象集中于某个个人身上,而"每个人都必须魔术般地与其等同,否则死路一条";再譬如,"在集中景观物统治的地方,治安也在统治着"。在我看来,关于所谓的集中景观,德波的见解并无多少深刻与独到之处,他只是将景观作为一种统一的暴力图像,硬生生地嫁接到专制主义上罢了。此外,这种所谓的集中景观既不是资本主义发展的新现象,也与他自己之前对景观的理论描述有明显的出入——所谓的专制主义中发生的景观怎么可能是不干预的呢? 这种干预,就是德波否认存在的外部强制。由此看来,德波关于集中景观的说明,倒是一个明显的学术败笔。

所谓弥散的景观,也就是景观的一般形式,被德波指认为当代资本主义社会控制的新形式及其意识形态。其实,上文全部的讨论都是围绕景观这一形式展开的,在此无须赘述。关键是到了 1988 年,距《景观社会》一书发表已有 21 年的时候,德波推出了有关景观问题的一个理论新文本,即《关于景观社会的评论》,再度回归景观的形式问题,提出了一种新的景观形式,即**综合的景观**。德波在书中又一次肯定了自己二十多年以前的理论发现,并对当时的部分论点做了进一步的阐述和补充。我以为,德波这一新文本提出的新的"理论发现",就是所谓景观统治新形式——综合景观的论述。

德波宣称自己"在《景观社会》一书中指出,现代景观已经体现出了它的本质特征:它对市场经济实行专断统治,而此时的市场经济早已占据了无须承担任何责任的统治地位;同时,它综合了伴随这种统治而产生的政府所应具备的各种新型职能"①。作为一种独裁,景观与过去的暴政不同,它常常呈现为某种**甜蜜的**意识形态控制。德波认为,1968年的"红色五月风暴"是短暂的,它没能阻止景观的继续延伸,"景观可以持续地聚集能量,也就是说,景观在增强其核心密集度的同时,不断地延伸,直到各个方面的极限。迄今为止,正如遭到攻击的权力通常所做的那样,景观甚至已经掌握了新的防御技术"②。言下之意,在经过20年的发展之后,景观社会不仅未曾有丝毫的削弱,相反,通过理性地整合前两种形式,景观的第三种形式"形成了,这是前两种模式合理结合的结果,它的基础是扩散模式,该模式在其获得的普遍胜利中显示出了它更为强大的力量。这就是综合景观模式,该模式自形成之后,就一直试图在全球范围内施加影响"③。关于所谓综合的景观,德波曾做过极为详细的说明:

> 综合景观同时表现为集中和扩散。二者成功地缔结联盟之后,集中和扩散各自的特性便通过综合景观在更大的规模上得到了发挥。同时,它们各自此前的实践应用模式也已经发生了极大的改变。就集中而言,控制中心现在已经变得隐蔽,不会被任何一个身份确定的领导者或某种明确的意识形态所统治;从扩散的角度来说,景观从未以如此的规模在几乎所有的社会行为和社会对象上刻上它的印记。这是因为,综合景观的最终意义就在于:将自我彻底融合到它一直着力刻画的现实中去,并且根据其刻画的内容不断地重新建构现实。因此,这样的现实不再将综合景观视为某种外来物而与之对立。当景观是集中状态时,其四周的社会结构大多会逃脱它的控制;当景观处于扩散状态时,其四周的社会结构只有少数

---

① [法]德波:《景观社会评论》,梁虹译,广西师范大学出版社,2007年,第2页。
② [法]德波:《景观社会评论》,梁虹译,广西师范大学出版社,2007年,第2页。
③ [法]德波:《景观社会评论》,梁虹译,广西师范大学出版社,2007年,第5页。

能够摆脱其控制；而今天，任何社会结构都无法摆脱景观的控制了。目前，景观已经无孔不入地扩散到现实存在的方方面面中去了。从理论上我们可以轻易地作出这样的推断：虚假的全球化也就是对全球的歪曲。①

显然，对今天这个综合的景观，德波只是强调了它的无所不在性。景观，"已经无孔不入地扩散到现实存在的方方面面中去了"，资本主义的全球化就是景观的全球化。与此同时，德波进一步指认综合景观的五个主要特征："不断的技术革新，国家与经济的结合，普遍化的隐秘状态，无可置辩的谎言，永恒的当下。"②

倘若对德波关于景观形式的分析认真做个剖析的话，我并不认为他这个理论有何惊人之处，相反，较之于先前他对景观本质的独到而深刻的断言来看，有关景观形式的宣言倒是其明显的学术败笔，恰恰暴露出他对社会结构、当代科学及社会实践发展认识的不足。尤其是进入20世纪末期之后，全球资本主义的新进展（弹性资本主义生产方式与作为地区资本联盟的欧盟）、国际共产主义运动的低潮以及后现代思潮的汹涌突现，特别是信息电子工业和网络社会的全新媒介掌控的霸权，使整个世界发生了空前剧烈的深刻变化，而德波却似乎对这场剧变置若罔闻，其言说听起来更像是一个隐居深山的遁世者发出的不合时宜之谈。就这一点而言，凯尔纳的当代景观研究可以算是对德波理论的有力补充。前者认为，德波的景观概念过于抽象，"带有明显的总体论色彩"，而他自己的景观概念则更加具体，微观。③

---

① ［法］德波：《景观社会评论》，梁虹译，广西师范大学出版社，2007年，第5—6页。

② ［法］德波：《景观社会评论》，梁虹译，广西师范大学出版社，2007年，第7页。

③ ［美］凯尔纳：《媒体奇观》，清华大学出版社，2004年，序言第Ⅳ页。

五

当然,在德波眼中,景观的出现并不就意味着世界已被虚化为一幅影像图景,"景观不能被理解为对某个视觉世界的滥用,即图像大量传播技术的产物",必须充分理解:"景观并非一个图像集合,而是人与人之间的一种社会关系,通过图像的中介而建立的关系。"①这是马克思那个**历史现象学**批判逻辑的延伸,只不过在马克思那里,资本主义市场中经济现象之间的关系实为物化了的人与人的社会关系,而在德波笔下,这种物化关系被景观化了。值得注意的是,德波此处对马克思的改动中其实已经内含了一种否定性的超越,即在今天的资本主义社会里,物质生产方式中的决定性结构开始转向以影像方式为主导的**景观生产方式**。后来的波斯特也是遵循这个逻辑提出了信息生产方式的替代方案。② 所以,德波才会说,

> 景观,从总体上理解的景观,它既是现存生产方式的结果,也是该生产方式的规划。它不是现实世界的替补物,即这个世界额外的装饰。它是现实社会的非现实主义心脏。在其种种独特的形式下,如新闻或宣传,广告或消遣的直接消费,景观构成了社会上占主导地位的生活的现有**模式**。它是对生产中**已经做出**的选择的全方位肯定,也是对生产的相应消费。景观的形式与内容同样都是对现存体系的条件和目的的全盘证明。景观也是这种证明的**持续在场**,充当着现代生产之外对所体验时间的主要部分的占用。③

---

① 〔法〕德波:《景观社会》,张新木译,南京大学出版社,2016 年,第 4 页。
② 〔美〕波斯特:《第二媒介时代》,南京大学出版社,2000 年;《信息方式》,商务印书馆,2002 年。
③ 〔法〕德波:《景观社会》,张新木译,南京大学出版社,2016 年,第 4 页。

德波的思路还算清晰,他知道必须紧扣马克思的物质生产基础,然后参照性地给景观一个结构性的理论定位。贝斯特评论道,德波的理论意图还是"想把握社会的构成关系,并破译它们的意识形态运作"①。这一点,完全异质于后来彻底拒斥马克思的鲍德里亚。在德波看来,景观最重要的本质有二:

首先,景观已经成为当前资本主义生产方式的目标,或者叫"现实社会的非现实主义心脏",更通俗地说,景观已然成为现今人们"占主导地位的生活的现有模式"。以我的理解,德波的意思是说,相对于过去人们对吃穿住行等物性目标的追求而言,今天的人们在生活目标和生活模式上已经发生了天翻地覆的变化,如今我们追求的,是一种让人目眩的**景观秀**。这一点在现代人对新闻、宣传、广告和娱乐等的大量非本真的需要中得到了突出的体现。人之存在不再由自己真实的需要构成,而是由景观所指向的展示性目标和异化性的需要堆积而至。所以,德波有言:"建立在现代工业之上的社会,它不是偶然地或表面上具有景观特征,而是本质上就是**景观主义**社会。在景观中,即在统治性经济的形象中,目的不值一文,发展才是一切。景观想要实现的无非就是自我实现。"②此处发生了一个相当重要的转折,现代工业社会(20 世纪60 年代)的基础已经不再是传统社会中物质生产物品与消费的真实关系了,而是景观,是由**视觉映像**来统治经济的秩序。所以,真实的目标(这包括社会历史的前进目标和人的需要)早已烟消云散,景观就是一切,景观就是目标。后来的许多学者纷纷指出,德波所处的 20 世纪 60年代,其实只能说是景观发展的"初级阶段",而"今天的景观社会已经步入一个得到完全发展的阶段"。③ 20 年以后,德波自己也发现,"景观

① [美]贝斯特:《现实化的商品和商品化的现实:鲍德里亚、德波和后现代理论》,载凯尔纳,《鲍德里亚:批判性的读本》,江苏人民出版社,2005 年,第 81 页。
② [法]德波:《景观社会》,张新木译,南京大学出版社,2016 年,第 7 页。
③ [斯]艾尔雅维茨:《图像时代》,吉林人民出版社,2003 年,第 27 页。

在增强其核心密集度的同时,不断地延伸,直到各个方面的极限"①。

其次,是景观的意识形态功能。德波曾经说过,景观的存在和统治性的布展恰恰证明了今日资本主义体制的合法性,人们在对景观的顺从中无意识地肯定着现实的统治。所以,景观也是当代资本主义合法性的"永久在场"。这话指认了景观的意识形态功能。具体而言包含三个方面:一是它通过肯定性的表象,将人们锚定于资本家在生产和消费中"已做出的选择"。换句话说,如今,我们在生活的每个细节情境中,都不得不在广告炫示的情景牵引下,不自觉地面对一个已经被装饰过的欲望对象世界。在广告的统治下,我们无能为力,更无处可逃。优雅迷人的画面、窈窕的影像美女、时尚的生活样态和各式各样令人不得不信服的专家引导,使每个人从表层的理性认知到深层的隐性欲望都跌进了五光十色的诱人景观之中,万劫不复。德波曾经刻薄地批评那些为景观服务的专家,他说:"所有的专家都服务于国家和媒体,也只有如此,他们才能获得他们的地位。所有的专家都听命于他们的主人,因为在当今社会的组织模式面前,从前他们可以获得独立的一切可能性已经逐步被消减殆尽了。当然最有用的专家莫过于那些善于撒谎的人。需要这些专家的人无非是些骗子和白痴,暗藏着各自的动机。"②世界就是一幅无处不在的景观,所以我们无从选择,更加无以反抗。在购买景观和对景观生活方式的无意识顺从中,我们直接肯定着现存体制。德波说:"就其本身的术语来看,景观就是对这种表象的**肯定**,也是对任何人类生活的肯定,也就是说对社会生活的肯定,将其肯定为简单的表象。"③其次,通过审查而展现出来的景观,也必然是现存体制合法性的同谋。景观,当然是一种隐性的意识形态。换句话说,无论是通过广告,还是通过其他影像呈现在我们面前的各种景观,其本质都是在认同

---

① [法]德波:《景观社会评论》,梁虹译,广西师范大学出版社,2007年,第2页。
② [法]德波:《景观社会评论》,梁虹译,广西师范大学出版社,2007年,第9—10页。
③ [法]德波:《景观社会》,张新木译,南京大学出版社,2016年,第6页。

性地,或者是无意识地支配着人们的欲望结构。我们以对商品疯狂的追逐来肯定资本主义的市场体制,或者是在影像文化的引诱下,将现存的资产阶级生活方式误认为本真的存在方式,自愿成为五体投地的奴隶。其三,景观还通过支配生产之外的大部分时间来达到对现代人的全面控制,这也是德波关于当代资本主义统治新形式的一个发现,即对人的非劳作时间的控制。景观的主要捕捉对象其实恰恰是生产之外人的闲暇时间。景观的无意识心理文化控制和对人的虚假消费的制造,都是在生产之外的时间中悄然发生的。由此,资本对人的统治在空间和时间上都大大扩展了。并且,也正是由于景观能在一切闲暇时间中对人发生颠倒性欲望驱动,才使物质生产更加远离人之真实需要,从而更直接地服务于资本的剩余价值增值。

可是,景观何德何能? 它到底凭借的是哪一点,方能如此牢牢地掌控现代人呢? 德波给出的答案如下:

> 景观表现为一种巨大的实证性,既无可争辩又难以企及。它所说的无非就是"出现的就是好东西,好东西就会出现"。它所要求的态度原则上就是这种被动的接受,通过其绝无争辩的出现方式,通过其对外表的垄断,景观实际上已经得到了这种被动的接受。①

景观画面中之物是不容争辩的,景观,就是强制性的独白,在这场只能屈从而无法对话的影像布展中,我们做不到对景观来一番批判性的审视。德波说:"当电视展示一幅精美的画面,并以恬不知耻的谎言对其加以解释的时候,白痴才会相信一切都是清清楚楚、明明白白的了。"②这也可以用德塞托的话形容,即电视观众"不能在自己的电视屏幕上写下任何东西:他始终是在被驱逐的产品之外的,在这个幻象中不

---

① ［法］德波:《景观社会》,张新木译,南京大学出版社,2016年,第6—7页。
② ［法］德波:《景观社会评论》,梁虹译,广西师范大学出版社,2007年,第34页。

扮演任何角色。他失去了创造者的权力,或者只是一个纯粹的接受者"①。比如,对现今每天的电视广告不厌其烦炫示的汽车和数码相机的性能,普通老百姓绝对不可能说出一句"不"字。今天推荐录像机,明天广告可能就展示 VCD 的优越性,而后天,我们就将看到高清晰度的DVD。当每个家庭里充斥各种无用的电器时,不断消失又不断生成的新景观背后,俨然晃动着资本家点着钞票仰天大笑的身影。如是,即为景观无声的暴力性,景观的逻辑,是幕后隐遁的资本帝国主义殖民逻辑。

> 影像之流可以带走它面前的一切,而其他人也以同样的方式在任意摆布这一被简化了的感性世界;这些人决定影像之流朝向何方,并决定那些应当被呈现事物的节奏,其方式正像那些永不消失、反复无常的突然袭击一样,不给人留有任何的思考余地,完全置观者的理解或看法于不顾。②

景观的帝国主义逻辑必然是:"出现的就是好东西,好东西就会出现。"出现是被强制性设定的,而使景观展示出来的"同义反复"的表象也是被垄断的,垄断本身又是由无须应答的单向度的肯定来维系的,这就是景观背面的真相。德波指出:"在生活中,如果人们完全顺从于景观的统治,逐步远离一切可能的切身体验,并由此越来越难以找到个人的喜好,那么,这种生存状态无可避免地就会造成对个性的抹杀。"③所以,我们眼前只有一条路可走:被动地接受。当然,对此也不乏不同的声音,比如凯尔纳就认为,景观并不如德波所说从来无往而不胜,相反,它也可能陷入自我矛盾和逆转的尴尬窘境。

以德波之见,当代资本主义景观统治之所以能够成功,最重要的法宝还在于,它让人们悄然忘却曾经存在过的历史。或者叫毁灭历史。

---

① 〔法〕德赛都:《"权宜利用":使用和战术》,载《视觉文化读本》,广西师范大学出版社,2003 年,第 89 页。
② 〔法〕德波:《景观社会评论》,梁虹译,广西师范大学出版社,2007 年,第 16 页。
③ 〔法〕德波:《景观社会评论》,梁虹译,广西师范大学出版社,2007 年,第 18 页。

关于这一论点,德波曾在 1988 年的《关于景观社会的评论》一文加以说明。他分析道:

> 对景观统治而言,首要的是普遍地根除历史知识。这首先要从刚刚发生过的事情着手,从消除一切相关的有用信息,以及那些有助于人们对这些事情加以理解的评论入手。证明这一说法的事例比比皆是,一目了然,不需要更多的解释。在景观的干预之下,人们对即将发生之事茫然无知;即使有所了解,在事发之后,景观也会使人们很快地淡忘此事。景观的这一能力的确无与伦比。事情越重要,就越要对其进行隐藏。①

之所以如此,是因为唯有既不知晓历史,也不再关心曾在时,人们才会一言不发地顺从于景观呈现给自己的虚假在场。景观"把外显的一切与其语境、历史、意图及影响都分离开来,因此,它完全是不合逻辑的。也正因为无人能够对此提出疑问,所以,它有权进行自我质疑,并对它自己的过去进行纠正"②。景观,是最喜新厌旧的。各种地摊小报上今天还在不遗余力推崇的商品或者"健康指南",明天就可能在推销另一种商品或药品的广告里成为被攻击的对象。更为嚣张的是,景观甚至能直接遮蔽刚刚发生的事件真相。"把近期发生的事隐藏起来,或是使所有人都忘记社会生活中所存在的历史痕迹,景观就可以放逐历史。通过此种做法,景观获得的最大益处首先就是能够隐匿自己的历史属性——隐藏它近期征服世界的进程。人们对它的强大力量似习以为常,就好像它过去一直就存在于此。所有的夺权者都有着共同的目的:使我们忘记他们只是刚刚上台这一事实。"③总之,景观一手遮天,除却它所愿意呈现的画面之外,我们的视野里将已空无一物。"如果景观有三天的时间未对某事发表看法的话,那么,这件事就好像不复

---

①　[法]德波:《景观社会评论》,梁虹译,广西师范大学出版社,2007 年,第 8 页。
②　[法]德波:《景观社会评论》,梁虹译,广西师范大学出版社,2007 年,第 16 页。
③　[法]德波:《景观社会评论》,梁虹译,广西师范大学出版社,2007 年,第 9 页。

存在了一样。由于景观继续谈论的是另外的事,那么,简言之,另外那件事自此开始存在了。"①德波的这个说明可谓一针见血。譬如,现今的媒体动辄宣布对某歌星或公众人物进行"封杀",这一着倒是屡试不爽,因为只要一段时间在景观中缺席,凭你再如雷贯耳的公众人物也将悄无声息地消失,如石沉大海一般激不起一点波澜。你的存在其实就是景观存在,封杀你的景观呈现,无异于直接谋杀了你。德波说,我们只能感觉和关注当下的影像愿意让我们了解的东西,但对这些东西从何而来、怎样发生我们却一无所知。"由于对历史的破坏,当代发生的所有事件都自觉隐退到一个遥远的神话王国中,这个王国充满了无法证实的故事、无从查证的数据、没有由来的解释以及站不住脚的推理。"②如此这般的断言我们并不非常陌生,却也令我们心中恐惧莫名。

挣扎在影像虚幻的光芒之下,德波不无忧伤地断言,景观将"是普照于现代被动性帝国的永远不落的太阳。它覆盖着世界的整个表面,永无止境地沐浴在自身的荣耀中"③。

> 景观是现行秩序在其自身上保持的不间断的话语,是对自己的赞美式独白。这是权力在它对生存条件进行极权管理时期的自画像。景观关系中纯客观性的拜物教式表象,掩盖了人与人、阶级与阶级之间的关系特征:有个第二自然似乎以其命定的法则统治着我们的环境。④

进而,德波认定,"作为当今所生产物品不可或缺的装饰,作为制度理性的普遍展示,作为直接制造越来越多的物品图像的先进经济部门,景观就是当今社会的主要生产"。这话指认了景观在当今社会中不可

① [法]德波:《景观社会评论》,梁虹译,广西师范大学出版社,2007年,第11—12页。
② [法]德波:《景观社会评论》,梁虹译,广西师范大学出版社,2007年,第9页。
③ [法]德波:《景观社会》,张新木译,南京大学出版社,2016年,第7页。
④ [法]德波:《景观社会》,张新木译,南京大学出版社,2016年,第10页。

动摇的掌控地位,即今天"社会的**主要生产**"。① 言下之意有三:一是今天社会的一切物品生产都已无法挣脱景观炫示和推销的背景,甚至可以说没有景观,就没有物品的生产;二是作为一种重要的产品,景观已经造就了自身制造和生产的发达状态,景观生产俨然成为现今最重要和最显赫的经济部门;三是景观对现行资本主义制度基本原理具有关键的表象和维系作用,景观是当今最大的政治。凯尔纳指出,德波眼里的景观就是"去政治化和推广绥靖政策的工具","它使社会主体变得麻木不仁,将大众的注意力从现实生活中最紧迫的任务上转移开"。②

德波另一个重要观点是他明确反对利用媒体来中性地遮蔽景观的意识形态性质。针对西方学界 20 世纪 70 年代流行起来的"大众传媒时代"的提法,德波批评道:

> 人们通常更愿意使用"媒体",而不是"景观"作为展开讨论的话题。这样一来,人们就不过是在描述一种工具,某种公众服务机构而已。这种服务机构以其工整的"职业精神"经营着由大众传媒带来的新的传播资源,而大众传媒最终实现了纯粹的单向传播。通过这种方式,已有的结论被呈现出来,获得了大众毫无异议的称赞。③

作为一种统治形式,德波笔下的景观与媒介理论所谓的媒体是完全异质的两种表述,后者指的只是一般的传播工具。问题的关键在于,中立的媒体根本不存在,"有时候,一些在行政上独立、但实际上又隐秘地通过各种特定的联系网与官方勾结的企业,也会借助媒体的关系掩盖其行踪"④。就此,德波将理论批判的矛头直指媒介理论创始人麦克卢汉,指责他一手写就了所谓人的"身体延伸"的媒介理论王国的神话。

---

① [法]德波:《景观社会》,张新木译,南京大学出版社,2016 年,第 7 页。
② [美]凯尔纳:《媒体奇观》,清华大学出版社,2004 年,第 3 页。
③ [法]德波:《景观社会评论》,梁虹译,广西师范大学出版社,2007 年,第 4 页。
④ [法]德波:《景观社会评论》,梁虹译,广西师范大学出版社,2007 年,第 6 页。

德波的批评十分尖刻,他说:

> 作为景观的首位维护者,麦克卢汉似乎一度被认为是本世纪最当之无愧的傻瓜。这位多伦多的哲人曾一直陶醉于"地球村"所带来的对自由的无尽体验中,这种自由来自联通一切的便捷性。他的这种主张持续了十余年,直至 1976 年,他最终发现"来自大众传媒的压力导致了非理性",更正对大众传媒的使用已经变得迫在眉睫了,那时,他才改变了他曾有的主张。①

显然,在德波的理论视界里,并没有人们津津乐道的工具性媒介,看得见的,只是长袖善舞、无处不在的景观。景观,是现实资本主义统治无往不胜的新式利器,而关于大众传媒时代的动人传说,不过是布尔乔亚意识形态的景观社会而已。

六

在德波看来,造成当今社会景观化的罪魁祸首,是当代资本主义社会生活中发生的**分离**。十分有趣的是,此时他却没有使用人们耳熟能**详的异化**概念来标注自己的关键词。他甚至说过这样一句话:"分离就是景观的阿尔法和奥米加。"②我注意到,在自己的理论言说中德波始终并未丢弃马克思在《关于费尔巴哈的提纲》中批判费尔巴哈宗教的逻辑,在此,马克思的言说又一次被发扬光大了:

> 哲学,作为被分离思想的权力,作为被分离权力的思想,它从来没有通过自身而超越神学。景观是宗教幻觉的物质重构。景观技术并没有驱散宗教的乌云,人类曾经将从自身分

---

① [法]德波:《景观社会评论》,梁虹译,广西师范大学出版社,2007 年,第 19 页。
② [法]德波:《景观社会》,张新木译,南京大学出版社,2016 年,第 11 页。阿尔法和奥米加,即希腊字母 Α 和 Ω,分别位于字母表的开头和结尾,意为开始和结束。

离出的权力托付给宗教：景观技术只是将人类权力与尘世基
础联系起来。于是最为尘世的生活就变得格外昏暗和令人窒
息。这种生活不再转向天空，而是在自己身上收留着对生活
的绝对回避，还有虚假的天堂。景观是将人类权力流放到一
个彼世的技术实现；它是人的内心已经完成的分离。①

众所周知，在马克思那里，他批评费尔巴哈没有关注宗教神学的基
础是现实生活本身的分离，倘要真正消除人们心中的幻象，唯有改变现
实生活中的矛盾。而德波则认为景观就是对宗教的幻觉的"物质重
构"，正是它，将生活本身迷雾化了。我们都知道，布尔乔亚启蒙思想对
神学迷雾的否定，实际上就是在重建人们的世俗生活，在钢筋水泥构筑
的工业化现代性中，幻想彼岸那座美好的上帝之城早已变成自然的现
实对象化改造，而神学的禁欲出世也成了感性欲望的解放和现世声色
犬马的享乐。然而，在德波看来，今天的景观将人间再度变回"幻象天
堂"。景观中人的真实生活牢牢地被影像幻觉所控制。此时，幻象又在
了，然而它不再是彼岸的神性天堂，而就在我们身边。何其深刻的比
喻！一句话——我们好不容易从缥缈的宗教幻觉中踩到了物化的实地
上，然而德波终又让我们在景观的迷雾里再度一脚踏空！

德波认为，对宗教神学的发生学研究来说，"劳动的社会分工的建
立，阶级的形成，曾经构筑起第一个神圣的凝视，即任何权力从初始时
就自行标榜的神秘秩序。神圣性证明了对应于主人们利益的宇宙和本
体的律条，并且解释和美化了社会**所不能做**的事情"②。这话不无道
理。社会本身的矛盾和分裂是宗教幻想的最初形式，土地上的等级要
由天堂中的等级来神化，说到底，天上的神仙是维护地上人的利益的。
在这个意义上看，宗教本身已经带有一定的景观性，其性质是"一种对
想象延伸的共同认可，针对的是真实社会活动的贫乏，况且这种贫乏被

---

① [法]德波：《景观社会》，张新木译，南京大学出版社，2016年，第9页。
② [法]德波：《景观社会》，张新木译，南京大学出版社，2016年，第11页。

广泛感受为一种统一条件"。不过,德波又发现,比之宗教具有的景观性而言,今天的景观则有另一种相反的功能:

> 现代景观则相反,它将表达社会**所能做**的事情,不过在这个表达中,**可做**的完全对立于**可能**的。景观是在生存条件的实践变化中对无意识的保存。它是无意识自身的产物,它自己提出自己的规定:这是个伪神圣物。它展示自己**是什么**:在自身中自行生长的被分离的威力,就在生产率的增长中,通过劳动分工的不断细化,细化为动作的碎片,并且受制于机器的独立运动;并且,为了一个不断扩展的市场而运转不息。任何共同体和任何批判意识都随着这个运动进程而解体,在这个运动中,通过自我分离而变得强大的力量还没有被**找到**。①

在德波看来,这是一个重要的异质性。与宗教幻觉弥补现实所不能的功能不同,今天的景观恰恰呈现了生活中**所能做**的事情。不!准确地说,应该叫"可做的",而非真正可能做到的事情。人在景观中是被隐性控制的,不得不无意识地臣服于景观制造出来的游戏规则,从而也就遮蔽了现实中真正出现的分离。一是社会的发展以生产力的增长为目的,而非人本身的发展,财富的增长是社会运动的唯一内驱力,人的存在反倒成为疯狂追逐利益的工具。这是马克思那个资本主义生产方式中手段与目的发生颠倒的观点。二是个人主体已被机器系统和劳动分工"细化为动作的碎片",成为某种姿势、动作和外部力量的附属物,从而不是他自己的全面发展。我以为,这其实也算不上是什么新论点,从席勒、马克思到青年卢卡奇,对此都已经做过比较充分的论述。二是面对这一外在的现实畸变,人们只能无意识地、肯定性地认同其中,从而浑然不觉地丧失自己的一切否定性批判维度。关于这种指证,马尔库塞的"单向度的人"中有更加明确的具体讨论。德波认定,以上这些

---

① ［法］德波:《景观社会》,张新木译,南京大学出版社,2016年,第11—12页。

重要的社会分离,在景观中被严严实实地掩盖了。不难发现,他的这个观点只是重新概括了已有的社会批判理论中一些基本观点的观点,不过是拿一把新壶装了旧酒而已。

接着,德波提出了当代资本主义景观社会的分离批判理论。与之前如出一辙,这一次,德波模仿的是青年马克思和青年卢卡奇。有意思的是,他既没有使用青年马克思的异化范畴,也没有使用后者和青年卢卡奇都曾经用过的物化概念,而是标举了一个十分实证和通俗的规定性:分离。不过,在影片《景观社会》中,德波倒是用了一个黑屏专门以字幕引述了青年马克思《1844 年经济学哲学手稿》中的一段话。德波认为,**分离是景观发生的现实社会基础**。在影片《景观社会》中,与这一段话同时出现的画面是汽车工厂车间中正在生产的工人。具体而言,包括以下几个方面。

首先,工人与产品被分离。"与其产品分离的人,他越来越强大地生产其世界的所有细节,于是就越来越处于与其世界分离的境地。尤其是他的生活现在已经成了他的产品,尤其是他已经与自己的生活相分离。"①熟悉马克思《1844 年经济学哲学手稿》的人都会知道德波这段话的原出处,只不过这一次"产品异化"改名为"产品分离"了。德波的语境与 1844 年的青年马克思倒确实有其相似之处,但他并未指明工人与产品的分离与景观的内在关联为何。因为,这种"分离"并不是今天资本主义生活世界中的新现象。在影片《景观社会》中,在这一表述相对应的画面是建筑工地上的工人与建成的摩天大楼的对比。德波说:"人类,从他们自己的产品中分离出来"。

其次,生产者之间直接交往的分离。在德波看来,"随着劳动者及其产品的全面分离,失去的是关于已完成活动的任何统一观点,还有生产者之间任何直接的个人交际。随着被分离产品的积累进展,还有生产过程的集中,统一和交际成为制度领导的专有属性。分离的经济制

---

①　[法]德波:《景观社会》,张新木译,南京大学出版社,2016 年,第 14 页。

度的成功就是世界的**无产阶级化**"①。在我看来,这一段仍然没有新意。但此时德波已经不是依据《1844 年经济学哲学手稿》,而倒是从《1857—1858 年经济学手稿》或《资本论》出发了。准确一点说,应该是由于劳动分工与市场交换,劳动者原先自足的统一生产活动过程被消解为片面的劳动,劳动者之间不再直接面对,劳动产品直接交换的关系也被物与物的市场中介代替了。不同的是,在斯密-马克思所面对的自由资本主义时期,由市场完成的这种间接性交往并不是由统治者直接"垄断"的,而在德波的时代,他似乎是认为,垄断经济结构全面控制社会存在的那出戏真的上演了,并且这种直接控制成了资本家制造景观的重要基础。遗憾的是,对这一点,德波没有能再深入下去。

其三,非劳动时间的分离。注意! 这个论点算得上是新东西了。德波认为,生产本身的分离必然导致"原始社会中与主要劳动相关的基本经验正在转移,转向制度发展的极点,走向非劳动,即非活动"。换句话说,人们在前资本主义社会中那种与感性的具体劳动相关联的经验,已经为劳动之外的被动性闲暇生活的认同所取代,关键在于,劳作之外的时间恰恰就是现实分离的一部分:

> 但是这种非活动在任何方面都没能摆脱生产活动:它依赖于生产活动,它是对生产需求和结果的服从,令人既担忧又叹为观止的服从;它本身就是自身理性的产物。在活动之外没有自由可言,而在景观的范畴内,任何活动都被否定,恰如真正的活动被整个地截获,以便总体地建立这个结果。于是,现今的"劳动解放",休闲的增加,绝对不是劳动中的任何解放,也不是劳动造就的某个世界的解放。在从劳动中窃取的活动中,任何东西都不能在对其结果的服从中得到。②

故而,在当代资本主义生产过程里,面对自动化机器系统巨大的操

---

① [法]德波:《景观社会》,张新木译,南京大学出版社,2016 年,第 12 页。
② [法]德波:《景观社会》,张新木译,南京大学出版社,2016 年,第 12 页。

控力量,劳动者始终处在被动的地位,这一点,马克思已经看到了。马克思没能看到的是,在原本美好的闲暇时间中,人的存在非但同样不能如他自己所想,自由而全面发展、实现一种舒展的创造性,相反,同样是被奴役和被动的。绝望因此油然而生,景观统治的实现不再主要以生产劳动时间为限,相反,它最擅长的,恰恰是对劳动时间之外的闲暇时间的支配和控制。在景观的奴役之下,连原本应该能充分发挥创造性能力的闲暇时间也充斥着一种表面主动、内里消极的**被动性**。这一次,人彻底成了翻不出如来掌心的孙猴子,无论何时何地,我们只能被动地活在景观之中。在影片《景观社会》中,经常出现人们在海滩和其他度假场所的镜头。

　　德波明确指出,在劳动之外的闲暇生活里发生的可悲的生存被动性并非生产过程释放出来的,而就是景观亲手制造的。何出此言?因为在资本主义景观生活中,"从汽车到电视机,所有景观制度所选择的财物也都是它的武器,以持续加强'孤独的人群'的隔离条件。景观总是更能具体地找到它特有的先决条件"①。可见,在资本主义社会中,人只能面对景观强加于自己的东西,他只是一个被动接收影像的观众。我们不再能听从自己的个性,甚至已经不能知道自己的真实需要,不能在闲暇时间中舒展创造性和主动性,一切闲暇生活的模式都是由景观事先制造的。总而言之,资本逻辑对劳动之外的时间实施了一种全新的殖民统治。阳光明媚的假日,人们可能自助旅行,可能去户外进行体育锻炼,也可能到商店、饭店和其他娱乐场所休闲消费,但这一切,几乎都是在景观无形的教唆和预设控制下进行的。我们号称正在自由地享乐,主动地活动,然而真的不是! 主动性和创造性的光鲜外表之下,真正发生的还是一种闲暇生活中的**伪主动性**和被动性,其本质仍然是无个性。唯其如此,德波才说:"在生活中,如果人们完全顺从于景观的统治,逐步远离一切可能的切身体验,并由此越来越难以找到个人的喜

---

　　① ［法］德波:《景观社会》,张新木译,南京大学出版社,2016 年,第 13 页。

好,那么这种状态无可避免地就会造成对个性的抹杀。"①凯尔纳则称其为"景观的'屈从式消费'使人远离对生活的积极参与和创造"②。

> 有利于被凝视物体(该物体是观众自身无意识活动的结果)的观众异化可以这样表达:他越是凝视,看到的就越少;他越是接受承认自己处于需求的主导图像中,就越是不能理解自己的存在和自己的欲望。与行动的人相比,景观的外在性显示为这样,即人的自身动作不再属于他,而是属于向他表现动作的另一个人。这就是为什么观众在任何地方都不自在,因为景观到处都在。③

最显明的例子无疑就是如今为数众多的影视媒体和平面媒体,它们的内容和对象其实都是预先设计好的,商人们躲在幕后着力制造种种我们将去预期和追求的东西,一旦我们真将这些影像内容内化为自己的欲望,也就失去了自己内心真正的需要,这就是德波那个"他越是凝视,看到的就越少;他越是接受承认自己处于需求的主导图像中,就越是不能理解自己的存在和自己的欲望"一说的基本意思。其实,在德波此处的阐述中,其对青年马克思《1844 年经济学哲学手稿》异化思想的挪用已经显露无遗了。

最后,景观,是一台生产和粉饰异化的新机器。在今天的社会中,"劳动者自己并不生产自己,而是生产一种独立的威力"④。听起来甚至似乎不像是在说分离,而直接就是**异化**登场了。这是一种重要的理论转换。功亏一篑的是,德波并没有说明这种概念逻辑转换的意义。

> 这种生产的**成功**,即它的富足,被当作**剥夺的富足**返回到生产者面前。随着异化产品的积累,世界的整个时间和空间

---

① ［法］德波:《景观社会评论》,梁虹译,广西师范大学出版社,2007 年,第 18 页。
② ［美］凯尔纳:《媒体奇观》,清华大学出版社,2004 年,第 3 页。
③ ［法］德波:《景观社会》,张新木译,南京大学出版社,2006 年,第 13—14 页。
④ ［法］德波:《景观社会》,张新木译,南京大学出版社,2016 年,第 14 页。

对于生产者来说都变得**形同异域**。景观就是这个崭新世界的
地图，一幅精确覆盖其领土的地图。甚至那些脱离了我们的
力量，都能以其整个的威力向我们**自行展示**。①

这是一段过于形而上学却含混不清的论述。景观为什么是新异化
世界的地图？逃离我们的力量，那么又如何展示自身的力量？对这些，
作者一概语焉不详，他只是强调，"社会中的景观对应于一种异化的具
体制造"②。可是，对于至关重要的分离理论与异化之间的关联，他却
忘了做个认真的交代。

本章的结束语是："景观就是积累到某种程度的**资本**，这时它就成
了图像。"③这话当然也可以算得上是一个理论逻辑上的深入。

七

作为一名左派知识分子，德波对景观社会的批判最终也着落在一
种革命性的实践要求上。与后来的鲍德里亚一类后现代思潮的代表人
物截然不同的是，德波"拒绝放弃解释和改变社会现实的尝试"。当然，
又与传统的马克思主义无产阶级革命理论根本不同，德波的变革要求
是所谓情境主义式的对生活的艺术化改变。

在德波看来，自从资本主义生产方式取得决定性胜利之后，历史的
思想真实地出现了。在此时，"生产力的发展使古老的生产关系分崩离
析，而任何的静态秩序都将变成粉尘。所有绝对的东西都变成历史事
物"④。在资产阶级处于上升时期，作为一种自觉的革命性阶级意识，
他们总是努力建立"**历史的思想**，即辩证法。这思想不再停留于寻找存

---

① ［法］德波：《景观社会》，张新木译，南京大学出版社，2016 年，第 14 页。
② ［法］德波：《景观社会》，张新木译，南京大学出版社，2016 年，第 14 页。
③ ［法］德波：《景观社会》，张新木译，南京大学出版社，2016 年，第 15 页。
④ ［法］德波：《景观社会》，张新木译，南京大学出版社，2016 年，第 43 页。

在者的意义，而是提高到一切存在被解体的认识高度"①。可是，资产阶级一旦获得统治地位，就立刻抛弃了在社会历史本体意义上的历史性，历史仅仅成为一种抽象的观念，整个布尔乔亚意识形态的本质就是力图说明资本主义制度的非历史性——永恒性。德波的分析完全正确，这是马克思已经说明过的重要观点。

　　德波认为，的确是马克思创立了真正的历史科学。这一学说的本质是重新将观念的历史还原为现实的客观社会历史过程，因为"历史的思想只有在变成实践思想时才能得到拯救"②。然而，德波批评马克思思想中存在着所谓"决定论"的一面，因为马克思将自己的历史分析过分简单化为一种生产方式发展的线性模式。德波拿欧洲以外的超稳定的亚细亚生产方式作反例。其实，德波并不了解马克思晚年的古代史研究，特别是他对俄国公社的历史考察。正因为如此，才可能产生第二国际经济决定论式的马克思主义：第二国际的"正统马克思主义"是社会主义革命的科学意识形态，这种意识形态宣称它的全部真理居于客观经济发展过程中，居于组织对工人阶级进行教育的渐进的必然性认识之中。这种意识形态在其教学宣传中挖掘了乌托邦社会主义的信仰，并将这一信仰与一种历史过程的冥想乞灵相结合。德波显然不相信这种"社会主义的必然性"。同时，他也明确反对俄国式的社会主义，因为后者导致了"独裁意识形态"的发生，他甚至认为，斯大林时期的苏联国家就是集中景观的代表。它也标志着居于现代景观统治核心的事物秩序的决定性的开幕：工人阶级的代表变成了工人阶级的敌人。显然，德波并不认为这是打破当今资本主义景观统治的正确道路。

　　那么，面对当代资本主义景观社会，德波的革命态度究竟是什么呢？根据他的见解，在强大的景观控制之下，无产阶级没有被抹除，相反，在现代资本主义不断强化的异化之下，它以工人大众的形式保持了

---

① ［法］德波：《景观社会》，张新木译，南京大学出版社，2016年，第43页。
② ［法］德波：《景观社会》，张新木译，南京大学出版社，2016年，第45页。

其不可缩减的现存。工人已失去了控制自己生命的权力，一旦他们意识到这点，他们将重新将自己定义为无产阶级，一种在这一社会内部运行的否定力量。显然，是青年卢卡奇那个自觉的革命的阶级意识在这个关节点上苏醒了。并且，德波发现，在大多数发达资本主义国家中，仍然存在着"新的否定符号"，虽然这些符号"经过了景观整治的篡改"。① 尤其重要的是，德波认为当前出现了一种全新的革命因素，也就是年轻人对景观社会的直接反抗：反抗青年正在发出新的抗议，这一抗议尽管是含糊的，试验性的，但它非常清楚地暗示了一种对艺术、日常生活和旧政治专门化领域的拒绝。这是马尔库塞的新革命主体观和文化革命观点的依从，马尔库塞将后者表述为"文化大拒绝"。德波指出，这是"我们时代正式的不满，一种在青年人中间特别剧烈的不满，而且还产生了艺术的自我否定的趋势。艺术总是独自地表达了日常生活的秘密问题，尽管以一种隐蔽的、变形的和部分幻想的方式"②。在德波看来，只有来自青年人的艺术革命才是摆脱景观支配的真正途径。这就是他所谓的新革命的实质性内容了。

不知不觉当中，我们又回到了本文一开始所介绍和讨论的情境主义国际了。如前所述，德波所领导的情境主义国际正是一种试验性的将景观生活颠倒为艺术瞬间的革命实践运动。我以为，情境主义在法国的出现并非偶然，更为深刻的历史根源在于，尽管遭遇了两次世界大战，但西方世界在科学技术飞速发展的带动下，在上个世纪中叶凯恩斯革命和福特主义的支配下，国家经济还是取得了空前的增长，较之资本主义早期的形态，在政治控制和经济结构上也的确发生了重大变化。并且，由于商品物质的剧增，消费主义日益盛行于世。其实，西方马克思主义哲学家列斐伏尔早在 20 世纪 40 年代就提出要关注生产领域之外由消费建构起来的"日常生活"领域。这种观念正是情境主义者德

① ［法］德波：《景观社会》，张新木译，南京大学出版社，2016 年，第 74 页。
② ［法］德波：《日常生活意识变更的一种视角》，载《景观社会》，王昭风译，南京大学出版社，2006 年，第 183 页。

波、瓦纳格姆等人思考的逻辑起点。后来,作为列斐弗尔学生的鲍德里亚在《消费社会》一书中,对这一资本主义发展的新形态做过更加详尽而深刻的剖析。

由列斐弗尔开创的这一理论方向,集中在一点上看就是明确提出当代资本主义社会出现了由生产优先的基础性结构向消费优先的基础性结构的转换。这可以被看作西方马克思主义社会批判理论中后马克思倾向的最早发端之一。传统马克思所关注的物质生产领域,此时开始被判定为社会生活本质中的次要方面。德波与瓦纳格姆等人则将列斐弗尔的上述观念进一步深化了。这种深化主要表现为商品社会被所谓"景观社会"取代的定位;生产方式、生产力、生产关系和经济政治生活一类概念,开始被景观、空间和日常生活等概念取代;过去指向资本主义经济和政治制度的阶级斗争,也转换为将存在瞬间艺术化的"日常生活的革命";扬弃异化和反对拜物教变成了艺术家的"漂移"和心理学意义上的观念"异轨",这种文化革命的本质就是所谓建构积极本真的生存情境。其实,情境主义正是由此得名。显然,此时情境主义的基本立场与马克思主义已经相去甚远了。在二者的差异问题上,贝斯特和凯尔纳曾经有过如下一段描述:马克思主义者强调生产,而情境主义者突出在马克思死后发展而成的社会再生产和消费与媒体社会新模式。马克思主义者强调工厂,而情境主义者注重城市和日常生活,用文化革命、主体的转化以及社会联系补充马克思强调的阶级斗争。同时,马克思的理论注重时间与历史,情境主义者重视闲暇产物和释放欲望的制度。① 如前所述,由于在景观社会中,原先那种以政治强制和经济手段为主的统治方式已经为文化意识形态的控制所取代,景观创造了 种伪真实,通过文化设施和大众传播媒介构筑起一个弥漫于人的日常生活中的伪世界(这可能是后来鲍德里亚那个"类象世界"的前身)。于是,革命的目的就是要在日常生活中摧毁景观,揭露景观的异化本质,

① [美]贝斯特、凯尔纳:《后现代转折》,南京大学出版社,2002年,第103页。

使人的生活重新成为真实生存的瞬间(列斐弗尔的口号:"使日常生活成为艺术");证伪通过景观布展的虚假欲望,解放人本己的真实欲望,建构全新的生活情境,以实现日常生活的革命。贝斯特和凯尔纳说,情境主义的实践目标在于"改造社会和日常生活,去征服由景观所导致的冷漠、假象和支离破碎。战胜被动,才有可能恢复现有的存在,并通过积极的'情境'创造和技术利用来提高人类生活"①。在这场全新的日常生活革命中,"将创造新的环境,在这一环境中现在统治过去,生活的创造性总是统治生活的重复性"②。情境主义者的目标是通过断然安排的短暂瞬间的变化,直接参与和分享一种生活的激情和丰富。这些瞬间的成功只能是他们的短暂效应。从总体的观点看,情境主义者认为文化活动是一种建构日常生活的实验方法,而日常生活会随着劳动分工(首先是艺术劳动的分工)的消失和休闲的扩张持久地发展壮大。我们已经提到过,情境主义的革命策略主要有漂移、异轨和构境等。漂移是指对物化城市生活特别是建筑空间布展的凝固性的否定;异轨则是要"通过揭露暗藏的操纵或抑制的逻辑对资产阶级社会的影像进行解构",或者说是利用意识形态本身的物相颠倒地自我反叛(比如使用广告、建筑和漫画的反打);而构境(即建构情境)则是指主体根据自己真实的愿望重新设计、创造和实验人的生命存在过程。用德波自己的话来说,构境就是"由一个统一的环境和事件的游戏的集体性组织所具体而精心建构的生活瞬间"③,是建构革命性的否定景观的情境,而情境就是某种"非景观的断层",是"景观的破裂"。在革命性的情境中,"人们能够表达在日常生活中受到压抑的欲望和得到解放的希望"。他们甚至认为,马克思对黑格尔辩证法的改造,就是著名的颠倒式的异轨

---

① 〔法〕德波:《日常生活意识变更的一种视角》,载《景观社会》,王昭风译,南京大学出版社,2006年,第184页。

② 〔法〕德波:《日常生活意识变更的一种视角》,载《景观社会》,王昭风译,南京大学出版社,2006年,第184页。

③ 〔法〕德波:《定 义》(Définitions),载《情境主义国际》(*Internationale Situationniste*),1958年创刊号。

策略。漂移和异轨的目的都是为了揭露景观社会中人在日常生活中的非物质贫乏和异化,以呈现人们自己更真实的本性。人们要首先发展一种真实的欲望以代替现存的补偿物;他们将拒绝被他人所规定的行为的全部形式,并不断地彻底改造他们自己独一无二的满足;他们不再认为生活是某一稳定性的单纯维持,相反,他们热望他们行动过程的无限丰富。① 从肯定的方面来看,这就要求我们主动去建构一种全新的生活情境,即建构以"解放了的自由欲望"为基础的个人生活空间和城市公共空间。在这些革命性的策略中,艺术的作用是决定性的(情境主义者多为艺术家),艺术与诗意是这场文化革命的主要武器。

可以说,在整个生命历程中,德波一直以一种不屈和拒绝的姿态面对一切,并积极地投身于对晦暗的社会现实进行解蔽和改造的革命实践。他主张,情境主义者不能被动而沉默地等待一场遥远的革命,而必须积极投入生活,彻底改造当下的日常生活,改变对世界的看法和变换社会的结构是同一件事情,通过自我解放,可以改变权力关系,并进而改造景观社会。因此,他们力图建构情境以打破常规,并由此使人们摆脱思考和行动的习惯性方式。拒绝的姿态也被认为是创造性的表征。情境主义国际认为自己的历史使命就是向大众澄清他们在景观社会中无意中每天都在做的事情,他们希望通过这种方法,在革命进程中起到催化剂的作用。他们坚持认为,每个个体都应该积极地和有意识地参与到对生活每一时刻的重新建构的行动中来。他们自称为情境主义者,主要是因为他们相信所有的个体都应该建构自己的生活情境,发挥自己的潜能,获得自己的乐趣。一句话,情境主义理论可以被看作战后在法国以及其他西方国家伴随消费主义而出现的资本主义社会新的现代统治形式的重要批判。

---

① [法]德波:《定义一种整体革命计划的预备措施》,载《景观社会》,王昭风译,南京大学出版社,2006 年,第 175 页。

法文第三版序言

　　《景观社会》第一次出版是在 1967 年 11 月，由布歇-夏斯特尔（Buchet-Chastel）出版社在巴黎出版。1968 年的动乱使之一举成名。该书于 1971 年在自由场出版社再版，我只字未动。该出版社在出版商遇刺后，于 1984 年改名为热拉尔·勒波维奇[①]出版社。此后该书按时一再重印，直到 1991 年。现有版本也与 1967 年的版本严格一致。此外，我在伽利玛出版社出版的所有作品，自然而然都遵循这个原则。我不是那种修改文稿的人。

　　这样一种批评理论不需要改变。只要该理论首次精确定义的漫长历史时期的普通环境没有改变，它就没有修正的必要。该历史时期的发展只是进一步印证和阐明了景观的理论。这里关于景观的重复论述，在一定程度上可以被看作具有历史意义：它证明了 1968 年争论时期最为极端的立场是什么，因此也证明了 1968 年人们能够知道什么。这个时期最糟糕的受骗者，透过他们整个人生中的沮丧事件，从此得知这些说法都意味着什么，即"对变得可见的生活的否定"，与商品形式（forme-marchandise）相连的"品质的丢失"，还有"世界的无产阶级化"。

---

　　① 勒波维奇（Gérard Lebovici，1932—1984），法国电影制片人和出版商。1969 年，他与朋友合作创办了自由场出版社（Éditions Champ libre），声称要办成另类的"革命的伽利玛出版社"。1984 年 3 月 5 日，他被枪杀了自己的汽车里，凶手至今没有得到认定。德波为此写了《关于谋杀勒波维奇的动机》（*Considérations sur l'assassinat de Gérard Lebovici*，1985）。（本书所有注释皆为译注）

　　此外,我还及时地补充了其他的观察结果,涉及最为卓越的新生事物,而同一过程的后续进程无疑会让它们表现出来。1979 年,在为新译意大利文版写序之际,我讨论了若干真正的变化,这些变化既涉及工业生产的本质,又涉及国家治理的技术(technique de gouvernement),此时景观力量的使用开始促成这些变化的产生。1988 年,《关于景观社会的评论》①清晰地证明了这一点,即前期的"景观任务的世界分工",在"集中景观物"和"弥散景观物"相互竞争的统治之间,已经走到了尽头,朝着两者融合的有利方向发展,形成一种"集成景观物"的共同形式。

　　这种融合可以简要地概括为论点 105 的修正版,这一论点涉及1967 年以前所发生的事情,根据某些相反的做法,还区分出前期的一些形式。由于阶级权力的**大型分裂**(Grand Schisme)通过调和方式业已形成,应该说集成景观的统一实践如今已经"从经济上改造世界",**同时**也"从治安角度(policièrement)改造感知"。(当时环境下的治安[police]本身就完全是一个新生事物。)

　　正是因为这种融合已经产生于整个世界的政治经济现实之中,世界才能最终声明它已经正式统一了起来。也正是因为被分离的权力已经达到全球化的严重境地,这个世界才需要及早地统一起来,需要整个地参与到世界市场的达成共识的同一组织中,而这个市场被大大**扭曲**,却又得到保证。这个世界最终却没有统一。

　　极权官僚制度,"商品经济的替代性统治阶级",它从未相信过自己有什么好的命运。它知道自己是"统治阶级的不发达形式",它想改善自己的命运。论点 58 长期以来试图建立如下公理:"景观的根源就在变得富足的经济土壤中,从那里结出一批硕果,最终朝着统治景观市场的方向发展。"

----

　　① 《关于景观社会的评论》(*Commentaires sur la société du spectacle*),德波著,勒波维奇出版社,1988 年。

正是这种对景观进行现代化和统一化的意志,与社会简化的所有其他方面相关的意志,于1989年导致了俄罗斯官僚制度的改变,像一个人突然皈依那样,开始信奉民主的现有**意识形态**:市场的独裁式自由(liberté dictatoriale),通过承认观众的人权而得到的温和化了的自由。在西方,没有人哪一天好好评论一下它的意义,也没有思考一下这举世瞩目的媒体事件的后果。景观技术的进步在这里得到证明。只须记载一种地质振动的表象(apparence)即可。人们记下事件的日子,认为已经理解了它的意义,满足于重复一个极其简单的信号——柏林墙的倒塌——它与其他任何**民主信号**一样毫无争议。

1991年,现代化的最初效果随着俄罗斯的完全解体而显现出来。这里以比在西方更为直率的方式表达了一种结果,即经济的总体变化中的灾难性结果。当时的混乱仅仅是其后果。到处都在提这个可怕的问题,即两个世纪以来萦绕人们脑际的问题:在幻想让人失望的地方,在力量(force)已被摧毁的地方,怎样让穷人们好好劳动?

论点111首先认可了俄罗斯衰败的最初症状,我们也刚刚看到了其最终的爆发,然后设想了世界社会在不久后将消失,就像人们现在所说的那样,这个社会**将在计算机内存中被删除**。该论点陈述了一种战略性的评判,而且人们很容易会感觉到它的正确性:"最终分析表明,官僚欺骗联盟的世界性解体,是资本主义社会当前发展的最为不利的因素。"

阅读这本书,必须想着这书是故意这样写的,其意图就是要危害(nuire)景观社会。但书中从未说过什么夸张之词。

居伊·德波
1992年6月30日

目　　录

第一章

完成的分离

"无疑,我们的时代……偏爱图像而不信实物,偏爱
复制本而忽视原稿,偏爱表现而不顾现实,喜欢表象甚于
存在……对这个时代而言,**神圣之物**仅仅是个**幻觉**,而世
俗之物才是**真理**。更有甚之,在它眼中,神圣之物随着真
相的减少而变大,随着幻觉的增大而变大,于是**幻觉的顶
峰**对它来说也是**神圣的顶峰**。"

费尔巴哈①(《基督教的本质》第二版序言)

---

① 费尔巴哈(Ludwig Feuerbach,1804—1872),德国哲学家。他是黑格尔的信
徒、唯物主义学派的首领,曾经加入德国社会民主党,属左翼黑格尔学派,马克思曾写
过《关于费尔巴哈的提纲》,批判他的形而上学唯物主义。主要作品有《关于死亡与不
朽的思考》《近代哲学史》《对黑格尔哲学批评的贡献》《基督教的本质》《未来哲学原理》
《宗教的本质》《心灵主义和唯物主义》等。

.

1

在现代生产条件占统治地位的各个社会中，整个社会生活显示为一种巨大的**景观**的积聚（accumulation de *spectacles*）。直接经历过的一切都已经离我们而去，进入了一种表现（représentation）。

2

从生活的每个方面脱离出来的图像，正在融合到一个共同的进程中，而在这个进程中，这种生活的统一性不再能够得到恢复。**部分地**看到的现实展开在其自身的普通统一性中，成为**边缘的**伪世界（pseudo-monde），成为仅仅被凝视的客体。世界图像的专业化已经完成，进入一个自主化的图像世界，在那里，虚假物已经在自欺欺人。而普通意义上的景观，作为生活的具体反转，成了非生者（non-vivant）的自主运动。

3

景观既显示为社会本身，作为社会的一部分，同时也可充当**统一的工具**（instrument d'*unification*）。作为社会的 一部分，它蓄意成为集中任何目光和任何意识的那个区域。由于这个区域**被分离了**（séparé），它便成为滥用的目光和虚假的意识的场所；它所实现的统一无非就是一种普及化分离的官方语言。

4

景观并非一个图像集合(ensemble d'images),而是人与人之间的一种社会关系,通过图像的中介而建立的关系。

5

景观不能被理解为对某个视觉世界的滥用,即图像大量传播技术的产物。它更像是一种变得很有效的世界观(Weltanschauung),通过物质表达的世界观。这是一个客观化的世界视觉。

6

景观,从总体上理解的景观,它既是现存生产方式的结果,也是该生产方式的规划(projet)。它不是现实世界的替补物,即这个世界额外的装饰。它是现实社会的非现实主义(irréalisme)心脏。在其种种独特的形式下,如新闻或宣传、广告或消遣的直接消费,景观构成了社会上占主导地位的生活的现有**模式**。它是对生产中**已经做出**的选择的全方位肯定,也是对生产的相应消费。景观的形式与内容同样都是对现存体系的条件和目的的全盘证明。景观也是这种证明的**持续在场**(*présence permanente*),充当着现代生产之外对所体验时间的主要部分的占用。

7

　　分离本身隶属于世界的统一性，隶属于分裂为现实和图像的总体社会实践。社会实践，自主景观在其面前自我展示的实践，它也是包括景观在内的现实整体。然而这个整体中的裂变将肢解整体，让景观显示为裂变的目的。景观的语言由统治性生产的**符号**（*signes*）组成，而这些符号同时也是这个生产的最终目标。

8

　　人们不能抽象地将景观对立于实际的社会活动。这种拆分（dédoublement）本身就已经被拆分。反转现实的景观实际上也已经产出。同时，经历的现实在物质上已经被景观凝视（contemplation）所侵袭，在自身中获得一种景观秩序（ordre spectaculaire），给这个秩序赋予一种积极的黏合力。客观现实在两方面都在场。这般定义的每个概念，其本质就是概念向其反面的过渡：现实突然出现在景观中，使得景观成为真实。这种相互的异化是现存社会的本质和支撑。

9

　　在**被真正地颠倒的**世界中，真实只是虚假的某个时刻。

10

  景观的概念统一并且解释了形形色色的表面现象。表面现象的多样性和对比是社会层面上得到组建的这种表象的外表，而这个表象本身又应该在其普通真相中得到认可。就其本身的术语来看，景观就是对这种表象的**肯定**，也是对任何人类生活的肯定，也就是说对社会生活的肯定，将其肯定为简单的表象。然而能够抵达景观真相的批判则会发现，景观是针对生活的可见的**否定**，也是针对**变得可见的**（*est devenue visible*）生活的一种否定。

11

  为了描述景观、它的形成、它的功能，还有导致它解体的力量，就必须人为地区分不可分离的元素。在**分析**景观时，人们在某种程度上说的就是景观的语言，原因是我们来到一个社会的方法论领地上，而这个社会就在景观中进行表达。然而景观并非他物，而是一个由社会经济形成的总体实践（pratique totale）的**意义**，还有这个实践的**时间表**。这是包括我们在内的历史时刻。

12

  景观表现为一种巨大的实证性，既无可争辩又难以企及。它所说的无非就是"出现的（ce qui apparaît）就是好东西，好东西就会出现"。它所要求的态度原则上就是这种被动的接受，通过其绝无争辩的出现方式,通过其对外表的垄断,景观实际上已经得到了这种被动的接受。

13

　　景观那同语重复的本质特点来自如下简单的事实,即它的手段同时也是它的目的。它是普照于现代被动性帝国的永远不落的太阳。它覆盖着世界的整个表面,永无止境地沐浴在自身的荣耀中。

14

　　建立在现代工业之上的社会,它不是偶然地或表面上具有景观特征,而是本质上就是**景观主义**社会。在景观中,即在统治性经济的形象中,目的不值一文,发展才是一切。景观想要实现的无非就是自我实现。

15

　　作为当今所生产物品的不可或缺的装饰,作为制度理性的普遍展示,作为直接制造越来越多的物品图像(images-objets)的先进经济部门,景观就是当今社会的**主要生产**。

16

　　景观让活着的人们服从于它,原因是经济已经将人们完全降服。

景观无非就是为了自身而自行发展的经济。它是物的生产的忠实写照，是生产者不忠的客观化（objectivation）。

17

经济对社会生活进行统治的第一阶段，在对任何人类成就的定义中，曾经导致一种从**存在**（*être*）滑向**拥有**（*avoir*）的明显降级。而通过经济的积累结果对社会生活进行整体占领的当今阶段，正在导致一种从**拥有**面向**显现**（*paraître*）的总体滑坡，而任何实际的"拥有"只能从这种滑坡中获取它的即时名望和最终功能。同时，任何个体的现实也都成为社会的现实，直接依赖于社会的威力（puissance），由社会的威力来造就。正因为这个现实并**不存在**，所以它只能被允许出现。

18

在现实世界自行变成简单图像（simples images）的地方，这些简单图像就会变成真实的存在，变成某种催眠行为的有效动机。景观作为一种**让人看到**的倾向，即通过各种专门化的中介让人看到不再能直接被人们抓取的世界，它正常情况下会在视觉中找到特别的人类感官，而这种感官在其他时代曾经是触觉；最为抽象的感官，最可神秘化的感官，正好对应于当前社会的普及化抽象。然而景观并不等同于简单的目光，即使与听觉相结合亦然。景观就是逃脱人类活动的那个东西，它摆脱了人类对事业的重新考虑和修正。它是对话的反面。在具有独立**表现**的任何地方，景观就在那里重新形成。

19

景观是西方哲学规划全面**虚弱**(*faiblesse*)的继承者,这个规划是受**观看**类别支配的对活动的理解;景观同样也建立在对精确技术理性进行不断展示的基础之上,而这种技术理性恰恰就来自这种思想。景观并不实现哲学,而是将现实哲学化。这是所有人的具体生活,已经降级为**思辨性**世界的生活。

20

哲学,作为被分离思想(pensée séparée)的权力,作为被分离权力的思想,它从来没有通过自身而超越神学。景观是宗教幻觉的物质重构(reconstruction matérielle)。景观技术并没有驱散宗教的乌云,人类曾经将从自身分离出的权力托付给宗教:景观技术只是将人类权力与尘世基础联系起来。于是最为尘世的生活就变得格外昏暗和令人窒息。这种生活不再转向天空,而是在自己身上收留着对生活的绝对回避,还有虚假的天堂。景观是将人类权力流放到一个彼世的技术实现;它是人的内心已经完成的分离。

21

随着必需性在社会上渐渐被人们梦想,梦想就变成必需的东西。景观就是被束缚的现代社会的噩梦,它最终只能表达社会的睡觉欲望。景观是这种睡眠的守护人。

22

现代社会的实践威力已经从自身中脱离出来，而且在景观中建立起一个独立帝国，这一事实只能用另一事实来加以解释，即这个强大的实践继续缺乏其凝聚性，而且与自身相互矛盾。

23

这是最为古老的社会专业化，权力的专业化，它是景观的根源。于是景观就成为一种专业化的活动，它替所有的其他活动说话。这是等级社会在自身面前进行的外交表达，在这里，任何其他的言语都被消除。最为现代的东西也是最为古老的东西。

24

景观是现行秩序在其自身上保持的不间断的话语，是对自己的赞美式独白（monologue élogieux）。这是权力在它对生存条件进行极权管理时期的自画像。景观关系中纯客观性的拜物教式表象（apparence fétichiste），掩盖了人与人、阶级与阶级之间的关系特征：有个第二自然（seconde nature）似乎以其命定的法则统治着我们的环境。但是，景观并不是那个技术发展的必然产物，这种发展也不能被看作**自然的**发展。相反，景观社会是选择自己特有技术内容的形式。倘若景观仅取其狭义方面，即"大众交际的手段"，这也是它最能压倒一切的表面展现，它就会显示为侵入社会的简单工具化，而工具化实际上丝毫不体现中性特点，而是一种本身切合于其总体自我运动的工具化。如果技术这般发展的时代的社会需求只能通过技术媒介方能得到满足，如果这个社会的管理和任何人际接触只能通过这个瞬间交际的威力中介来进行，那是因为这种"交际"主要还是**单边的**（*unilatérale*）交际。结果是交际的集中会在现存体制的管理者手中积累一些手段，使得他们能够继续进行这个确定的管理。景观的全面分裂与现代**国家**密不可分，即与社会中分裂的普通形式密不可分。国家是社会劳动分工的产物，也是阶级统治的机关。

25

分离就是景观的阿尔法和奥米加①。劳动的社会分工的建立，阶级的形成，曾经构筑起第一个神圣的凝视（contemplation sacrée），即任何权力从初始时就自行标榜的神秘秩序。神圣性证明了对应于主人们利益的宇宙和本体的律条，并且解释和美化了社会**所不能做**的事情。因此任何被分离的权力都具有景观特征，但是所有人对这种静止图像的赞同，仅仅意味着一种对想象延伸的共同认可，针对的是真实社会活动的贫乏，况且这种贫乏被广泛感受为一种统一条件。现代景观则相反，它将表达社会**所能做**的事情，不过在这个表达中，**可做**的（le *permis*）完全对立于**可能**的（le *possible*）。景观是在生存条件的实践变化中对无意识的保存。它是无意识自身的产物，它自己提出自己的规定：这是个伪神圣物（pseudo-sacré）。它展示自己**是什么**：在自身中自行生长的被分离的威力，就在生产率的增长中，通过劳动分工的不断细化，细化为动作的碎片，并且受制于机器的独立运动；并且，为了一个不

———

① 阿尔法和奥米加，即希腊字母 A 和 Ω，分别位于字母表的开头和结尾，意为开始和结束。

断扩展的市场而运转不息。任何共同体和任何批判意识都随着这个运动进程而解体，在这个运动中，通过自我分离而变得强大的力量还没有被**找到**。

26

随着劳动者及其产品的全面分离，失去的是关于已完成活动的任何统一观点，还有生产者之间任何直接的个人交际。随着被分离产品的积累进展，还有生产过程的集中，统一和交际成为制度领导的专有属性。分离的经济制度的成功就是世界的**无产阶级化**。

27

通过被分离生产即分离物(le séparé)生产的成功本身，原始社会中与主要劳动相关的基本经验正在转移，转向制度发展的极点，走向非劳动(non-travail)，即非活动(inactivité)。但是这种非活动在任何方面都没能摆脱生产活动：它依赖于生产活动，它是对生产需求和结果的服从，令人既担忧又叹为观止的服从；它本身就是自身理性的产物。在活动之外没有自由可言，而在景观的范畴内，任何活动都被否定，恰如真正的活动被整个地截获，以便总体地建立这个结果。于是，现今的"劳动解放"，休闲的增加，绝对不是劳动中的任何解放，也不是劳动造就的某个世界的解放。在从劳动中窃取的活动中，任何东西都不能在对其结果的服从中得到。

28

建立在隔离之上的经济制度是**一种隔离的循环生产**。隔离建立了技术，而技术过程反过来又进行隔离。从汽车到电视机，所有景观制度**所选择的财物**也都是它的武器，以持续加强"孤独的人群"的隔离条件。景观总是更能具体地找到它特有的先决条件。

29

景观的起源就是世界统一性的丢失，而现代景观的巨大扩展表达了这种丢失的全部：任何特殊劳动的抽象，以及整体生产的全面抽象，都完美地表达在景观中，而景观的**具体存在方式**恰恰就是抽象。在景观中，世界的某个部分**自我展现**在世界面前，而且要比这个世界更为高级。景观便是这种分离的共同语言。将观众们联系起来的无非就是一种不可逆的关系，它就位于维持观众隔离的中心。景观汇合着分离物，但是它把分离物**当作分离物**进行汇合。

30

有利于被凝视物体（该物体是观众自身无意识活动的结果）的观众异化（aliénation du spectateur）可以这样表达：他越是凝视，看到的就越少；他越是接受承认自己处于需求的主导图像（images dominantes）中，就越是不能理解自己的存在和自己的欲望。与行动的人相比，景观的外在性显示为这样，即人的自身动作不再属于他，而是属于向他表现动作的另一个人。这就是为什么观众在任何地方都不自在,因为景观到处都在。

31

劳动者自己并不生产自己,而是生产一种独立的威力。这种生产的**成功**,即它的富足(abondance),被当作**剥夺的富足**返回到生产者面前。随着异化产品的积累,世界的整个时间和空间对于生产者来说都变得**形同异域**(étrangers)。景观就是这个崭新世界的地图,一幅精确覆盖其领土的地图。甚至那些脱离了我们的力量,都能以其整个的威力向我们**自行展示**。

32

社会中的景观对应于一种异化的具体制造。经济的扩张主要就是这种精确的工业生产的扩张。经济为自身而运动,而与这种经济一起增长的只能是异化,异化恰恰就位于经济的原始核心中。

33

与其产品分离的人,他越来越强大地生产其世界的所有细节,于是就越来越处于与其世界分离的境地。尤其是他的生活现在已经成了他的产品,尤其是他已经与自己的生活相分离。

34

景观就是积累到某种程度的**资本**，这时它就成了图像。

第二章

作为景观的商品

　　"因为只有在充当整体社会存在的普遍类别时,商品才能在其真正本质中被人们理解。只有在这个前提下,从商人关系中出现的物化才能获得一种决定性的意义,就社会的客观演变来说是这样,就人们面对它的态度来说也是这样,而人们的意识对形式的服从也是这样,物化正是通过这些形式来表达⋯⋯这种服从随着以下事实还会得到加强,即劳动过程的理性化和机械化越是加强,劳动者的活动便越是失去其活动的特征,结果就变成一种**凝视**的态度。"

卢卡奇①(《历史与阶级意识》)

----

　　①　卢卡奇(Georg Lukàcs,1885—1971),匈牙利马克思主义哲学家、社会学家和文学理论家,作品有《心灵与形式》《小说理论》《历史与阶级意识》《存在主义还是马克思主义》等。

35

景观的这个主要运动,旨在重新抓住存在于人类活动中处于**流动状态**(*état fluide*)的所有事物,以便以凝固状态的方式去拥有这些事物,而这些事物通过对其所经历价值的**负面表达**(*formulation en négatif*),已经变成独有的价值。从这个运动中,我们能够辨认出一个宿敌,第一眼看去,它很善于展示某种粗俗的东西,并且似乎不言自明,然而它却非常复杂,充满形而上学的玄机,这就是**商品**。

36

这就是商品的拜物教原理,即通过"可感觉而又超感觉的物"而进行的社会统治。这种统治绝对只能在景观中实现,在景观中,感性世界已经被人们选择的凌驾于世界之上的图像所代替,与此同时,这些图像又迫使人们承认它们是极佳的感性(le sensible)。

37

景观让人们看到的是一个既在场又不在场的(à la fois présent et absent)世界,这是一个商品的世界,它统治着所有被经历的东西。而商品世界就这般展示为**它所存在的样子**,因为它的运动等同于人们之间以及人们与其总体产品之间的**远离运动**。

38

　　景观语言所赞扬的物品和它所调节的行为，其品质的丢失在景观语言的各个层面上都清晰可见，这种丢失仅仅说明了实际生产的基本特征，而实际生产又排除了现实：商品形式完全是自身平等，属于数量的范畴。它所发展的是数量，它也只能在数量中自我发展。

39

　　这种排斥质量的发展，作为一种发展，它本身也受制于朝向质量的过渡：景观意味着它已经跨越了**自身富足**的门坎；这一点在某些方面还只是局部地真实，但在成为商品原始参照的全球范围内已经是真实情况，而其实践运动，通过将全球聚集为世界性市场，已经对这个参照进行了检验。

40

　　生产力的发展曾经是**无意识的真正历史**（*histoire réelle inconsciente*），它创建并且改变了人类团体的生存条件，让其充当存活（survie）的条件，还有这些条件的扩展：所有人类事业的经济基础。在自然经济内部，商品部门曾经形成一种存活的盈余（*surplus de la survie*）。商品的生产，即导致独立生产者之间进行不同产品交换的生产，它长期以来能够停留在手工业阶段，被限制在一种边缘的经济功能中，其数量真理还被掩盖着。然而在商品生产遇到大商业和资本积累的社会条件的地方，它抓住了对经济的总体统治权。于是整个经济就变成了一个过程，即商品在这场征战中所显示之物：数量发展的过程。经济威力以商品形式不断进行的发展，曾经将人类劳动变成商品劳动，变成**雇佣劳动**，久而久之形成了一种富足，在这个富裕中，存活的首要问题无疑已经得到解决，然而以这种方式出现的问题总是会重新出现；它每次都会在更高层次上重新提出来。经济增长将社会从为存活而进行即时斗争的自然压力下解放出来，但在这时，社会还是未从其解放者的手中解放出来。商品的**独立性**已经扩展到它所控制的整个经济领域。经济正在改变世界，但它只是将世界改变成经济的世界。人类劳动在其中异化的伪自然（pseudo-nature），它要求无限期地继续它的**服务**，而这个只有它自身能够评判和赦免的服务，事实上将得到社会许可的全部力量和规划，同样也能得到服务者。商品的富足，也就是说商人关系的富裕，不能再高于**增益的存活**（*survie augmentée*）。

41

　　商品的统治首先以隐秘的方式施加于经济，而经济本身作为社会生活的物质基础，还处于不被注目、不被理解的状况，就像熟悉之物未必为人所知那样。在一个具体的商品尚处于稀有或少量状态的社会中，呈现出来的便是金钱的表面统治，恰如一位身负全权的密使，以不知名强权的名义说话。随着工业革命的进展，即劳动的手工分工和面向全球市场的大生产，商品确实显示为一种前来真正**占据**社会生活的强权。正是在这时形成了政治经济学，它既是一门占统治地位的科学，也是关于统治的科学。

42

景观就是这个时刻,这时的商品已经成功地实现对社会生活的**全部占领**。不仅景观与商品的关系清晰无疑,而且人们只能看到这个关系:人们看到的世界就是景观的世界。现代的经济生产在广度和强度上都扩展着它的专政。在工业化程度较低的地方,它的统治已经因某些明星产品的在场而初显端倪,而且在生产率发展领先的地区,已经充当着帝国主义统治。在这些发达地区,社会空间被一种商品地质层的持续叠加所侵袭。在"第二次工业革命"的阶段,异化的消费(consommation aliénée)对大众来说变成了一种额外的义务,即面对异化的生产(production aliénée)的义务。正是一个社会**全部的售出劳动**(*travail vendu*),它总体上变成了**全部的商品**,而商品的循环将不断继续。为此,这个全部的商品必须以碎片形式重新回归碎片的个体,与总体操作的生产力完全分离的个体。正是在这里,关于统治的专门科学应该更加专业化:它应该碎化为社会学、技术心理学、控制论、符号学等,以便监督过程的所有层面的自我调节。

43

在资本主义积累的原始阶段,"政治经济学在**无产者**身上看到的仅仅是位**工人**",他必须得到最起码的必需品,用以保持他的劳动力,但从不考虑"他的休闲,他的人性"。而一旦商品生产中富足的程度已经达到,而且要求工人做出额外的合作时,统治阶级的这种思想立场立刻就会反转。这位工人突然间洗刷掉了全部蔑视,即通过生产组织和监督的所有方式明显表达出来的蔑视,工人现在不再每天受到监视,从表面上看他已经被当作成人,受到殷勤礼貌的对待,俨然一副消费者的模样。于是**商品的人道主义**(*humanisme de la marchandise*)也负责起劳动者的"休闲和人性",其简单原因就是政治经济学现在能够也必须**以政治经济学的身份**去统治这些领域。这样,"对人的已经完成的否定"便承担起人类生存的全部。

44

景观是一场持久的鸦片战争,以便让人们接受将财物等同于商品,是从基本需求的满足到存活的战争,依据其特有法则而增长。但是如果说可消费的存活是某种总是需要增长的东西,那是因为它不停地**包含着剥夺**。如果说增益的存活没有任何彼处,在任何点上都不能停止增长,那是因为这种存活在剥夺之外就不再是增益的存活,而是变得更为富有的剥夺。

45

自动化是现代工业最为先进的部门,同时也是完美地概括工业实践的模式。而随着自动化的到来,商品世界必须克服如下矛盾:技术工具化客观上在取消劳动的同时,必须将**劳动作为商品**、作为商品诞生的唯一场所保留。为了让自动化,或劳动生产率增长的其他非极端形式,不至于在事实上减少社会广度上所需的社会劳动时间,就必须创造新的就业。第三产业,即服务业,是阶段生产线的巨型延伸,即销售大军和今日商品颂歌;这是补充的力量总动员,在与这般商品有关的需求的人为性(facticité)中,幸运地遇到了这种组织后台劳动的必要性。

46

交换价值只有在它作为使用价值的因子时才能形成,但是它以自己的武器取得的胜利却创造出它自主统治的条件。通过动员任何的人类使用,通过抓住对人类满足的垄断,交换价值最终能够**领导使用**。交换过程自行等同于任何可能的使用,将使用玩弄于股掌之间。交换价值是使用价值的雇佣兵队长,最终要为自己的利益而进行战斗。

47

资本主义经济的这种不变性,即**使用价值的倾向性下降**,在增益的存活内部发展了一种新的剥夺形式,这种形式并没有摆脱古老的贫乏,因为它要求绝大多数人的参与,以雇佣劳动者的身份参与其永无止境的努力;而每个人都知道他必须服从,否则会死路一条。这便是这种恫吓的现实,事实是在最为贫穷的形式下(吃饭、居住)的使用,它只能存在于被囚禁的状况中,囚禁在增益的存活的虚幻富裕中,正是这一恫吓下的现实,在现代商品的消费中,成为普遍意义上接受幻想的真正基础。真正的消费者变成了幻想的消费者。商品就是这种确确实实的真正幻想,而景观则是其普通的表现。

48

使用价值以隐性方式包含在交换价值中,它现在应该以显性方式公布出来,进入景观的反转现实,这恰恰是因为它的实际现实受到超级发展的商品经济的蚕食；于是一种伪证明（pseudo-justification）对虚假生活来说变得很有必要。

49

景观是金钱的另一面：所有商品的抽象的一般等价物（équivalent général）。然而如果说金钱曾经统治过社会，充当着中心等价的代表，也就是说充当众多财物可交换特征的代表，而且财物的用途无法比拟，那么景观就是它发达的现代补充，其中商人世界的总体以整块形式出现，就像一种普遍的等价，与整个社会能够变成和所做的事情等价。景观是人们**只能观看**的金钱，因为在它身上，正是使用的总体（totalité de l'usage）与抽象的表现总体（totalité de la représentation abstraite）在进行交换。景观不仅仅是**伪使用**（*pseudo-usage*）的奴仆，它在自己身上就是生活的伪使用。

50

社会劳动的集中结果，在**经济**富足的时刻，已经变得显而易见，并迫使任何的现实去服从表象，这个表象现在就是社会劳动的产物。资本不再是领导生产方式的可见核心：资本的积累以感性物体的形式将资本展开到周边。社会的整个广度便是它的写照。

51

自治经济（économie autonome）的胜利同时也是它的失败。它所

释放的力量会消除**经济的必要性**,而这个必要性是古代社会亘古不变
的基础。当自治经济用永无止境的经济发展的必要性代替经济的必要
性时,它只能用不断制造的伪需求(pseudo-besoin)来代替人类最初需
求的满足,这些需求是粗略认定的需求,而这些伪需求则可以归结为维
持自治经济统治的唯一伪需求。但是自治经济永远与深层需求相分
离,原因是它出自**社会的无意识**,社会无意识依赖于自治经济但又对此
并不知觉。"一切有意识的东西都会耗尽。而无意识的东西则经久不
衰。但是无意识一旦被释放,它不也要走向破落吗?"(弗洛伊德①)。

52

当社会发现它依赖于经济之时,其实经济也依赖于社会。这种地
下的威力,大到显示为至高无上的威力时,也失去了其威力。在经济**本
我**所在的地方,必须有**自我**②到来。主体只能从社会中而来,也就是说
从社会自身的斗争中而来。主体的存在与否取决于阶级斗争的结果,
而阶级斗争则显示为历史的经济建立(fondation économique de
l'histoire)的产物和生产者。

---

　　① 弗洛伊德(Sigmund Freud, 1856—1939),奥地利精神病医生、心理学家,精神
分析学派的创始人,作品有《梦的解析》《精神分析引论》《日常生活中的精神病理学》
《关于性欲理论的三篇论文》《精神分析学运动史》等。
　　② 本我(ça)、自我(moi,德波在本书中用的是 je)、超我(sur-moi),弗洛伊德精神
分析学中关于人格的三个概念。本我指的是最原始的我,是人的天性和本能;所谓自
我,指的是"自己"这个意识的觉醒,是现实环境约束下的"我";而超我指的是泛道德、
伦理角度的"我"。如果将本我概括为"我想要",那么自我就是"我能要",而超我则是
"应该要"。人生的道路便是从本我到自我再到超我的过程。

53

欲望的意识和意识的欲望是这样一个类似的规划,它以其否定形式去追求对阶级的废除,即在其活动的所有时段上追求对劳动者的直接拥有。这种情形的**反面**便是景观社会,在景观社会中,商品在一个自己创造的世界中自我凝视。

第三章

表象中的统一与分裂

"目前,我国哲学战线上,正在开展着一场新的激烈的论战,这就是关于'一分为二'和'合二而一'的论战。这是一场坚持唯物辩证法同反对唯物辩证法的斗争,是两种世界观即无产阶级世界观同资产阶级世界观的斗争。主张事物的根本规律是'一分为二'的,站在唯物辩证法一方;主张事物的根本规律是'合二而一'的,站在反唯物辩证法一方。论战的双方阵线分明,针锋相对。这是当前国际国内尖锐复杂的阶级斗争在意识形态上的一种反映。"

（《红旗》杂志,北京,1964 年 9 月 21 日①）

---

① 原文有误,这段引文见于《红旗》杂志 1964 年第 16 期,出版于同年的 8 月 31 日。

54

景观与现代社会一样，既是统一的也是分裂的。它像社会一样，在分裂之上建立统一。但是当矛盾出现在景观中时，会被一种意义的反转所否定，因此，被展示的分裂是统一的，而被展示的统一则是分裂的。

55

众多权力组合起来是为了管理同一个社会经济制度，正是这些权力之间的斗争展现为正式的矛盾，它其实属于真正统一的范畴。这一点在世界范围内或在每个国家内部都一样。

56

被分离的权力的竞争形式，其景观的虚假斗争同时也是真实斗争，原因是这些斗争反映了制度的既不平等又相互冲突的发展，反映了承认这个制度的阶级或阶级次等级的相对矛盾的利益，而这些斗争又确定了这些阶级自身对于权力的参与。正如最先进的经济发展其实与其他某些优先权相冲突那样，通过国家官僚机构对经济实行的极权管理，还有处于殖民和半殖民状况的国家的条件，这些将由生产方式和权力方式中的重要特征来确定。这些不同的对抗在景观中，可以根据完全不同的标准，自行赋予一些绝对清晰的社会形态。但是根据它们特殊部门的实际现实，它们特殊性的真相就处于包含它们的普遍制度中：就在将全球变成它们的活动场地的统一运动中，即资本主义中。

57

承载景观的社会,不仅仅是通过其经济霸权去统治不发达地区。**它还以景观社会的身份**去统治这些地区。在物质基础还缺乏的地方,现代社会已经以惊人方式侵入每个大陆的社会表面。它确定某个领导阶级的纲领,主持大纲的制订。正如它展示让人觊觎的伪财物(pseudo-biens)那样,它也向地方的革命者奉献虚假的革命模式。官僚政权已经掌握着某些工业发达国家,它所特有的景观恰恰属于总体景观(spectacle total)的一部分,正如它普遍的伪否定(pseudo-négation)和它的支柱那样。如果说从其不同的定位来说,景观明显展示出社会言语和管理的极权专业化,那么在制度的总体运转层面,社会言语和治理会融为一体,形成一种**景观任务的全球性分工**。

58

景观任务的分工,它保持着现有秩序的普通性,但主要保持的是其发展的主导极。景观的根源就在变得富足的经济土壤中,从那里结出一批硕果,最终朝着统治景观市场的方向发展,冲破意识形态治安(idéologico-policière)的保护主义樊篱,藐视任何地方的自足意图的景观。

59

平凡化(*banalisation*)的运动,在景观的闪亮消遣下,在世界范围内统治着现代社会，也统治着社会的每个要点，其中对商品的发达消费从表面上增加了需要选择的角色和物品。宗教和家庭的残余——家庭仍然是阶级权力继承的主要形式——因此还有这些残余所保障的道德镇压，它们能够结合成同一种东西，并且重复肯定着对**这个**世界的享受，因为这个世界恰恰被生产为一种在自身中保持着镇压的伪享受（pseudo-jouissance）。与欣然接受现有存在的东西相对应，也可以对接上同一种东西，即纯粹景观的反抗：这解释了一个简单的事实，即一旦经济富足能够扩展其生产，直到处理这样一种原材料时，不满足本身就已经成为一种商品。

60

通过在自己身上集中一种可能的角色的形象，即活人的景观表现，明星（la vedette）就会集中这种平凡性。明星的条件就是**表面经历**的专业化，就是与无深度的表面生活（vie apparente sans profondeur）相等同的对象，这个对象必须补偿真实经历过的生产专业化的碎片。众多明星的存在是为了塑造不同类型的生活方式和理解社会的方式，可以自由地行使**总体的**职能。他们体现着社会**劳动**那不可企及的结果，模仿着这种劳动的次产品，而这些产品被魔术般地转移到劳动之上，成为劳动的目的：**权力**和**休假**，即决定和消费，它们位于毋庸争论的过程的开始和结束处。在开始处，政府的权力被个人化为伪明星（pseudo-vedette）；在结束处则是自我推选的消费明星，它是施加于生活经历的伪权力（pseudo-pouvoir）。但是，明星的这些活动不是真正的总体活动，同样也不是形式多样的活动。

61

景观的主使(agent)被搬上舞台成为明星,便成为个体的反面,个体的敌人,在他自己身上是这样,在其他人身上显然也是这样。以认同的模式进入景观之后,景观主使就拒绝了任何的自主品质,以便自我认同于服从事物进程的普遍规律。消费的明星,在外部同时又是不同人格类型的表现,它展现出每个类型都可以平等到达消费的总体,同样可以从中找到其幸福。做决定的明星必须握有满满的库存,里面堆满了被认可的人类品质。于是在人类品质中,官方的分歧就被官方的相同所废除,而这种相同却预先假设人类无所不能。赫鲁晓夫①成为将军,以便决定库尔斯克会战②,当然不是在战场上,而是在建国 20 周年庆典上,那时他已经成为国家的首脑。肯尼迪③一直是位演说家,甚至可以在自己的坟墓前发表颂扬自己的演说,因为西奥多·索伦森④这时还在为继任总统撰写发言稿,用的还是这种风格,这风格在让人们认可已故总统的人格方面举足轻重。这些令人赞叹的人,制度在他们身上都能个性化,却由于他们名不副实而闻名于世;他们因下行到最不起眼的个人生活现实之下而成为伟人,这是众所周知的事情。

---

① 赫鲁晓夫(Nikita Khrouchtchev,1894—1971,俄语 Никита Сергеевич Хрущёв),苏联政治家,曾任苏共中央第一书记、部长会议主席。1956 年他主持召开苏共二十大,从根本上否定斯大林,震动了社会主义国家阵营,引发东欧的一系列骚乱。任期内,他实施去斯大林化政策,为大清洗中的受害者平反。

② 库尔斯克(Koursk),即俄罗斯的库尔斯克州,赫鲁晓夫的家乡。库尔斯克会战(bataille de Koursk)是第二次世界大战期间苏德战场的决定性战役之一,双方共投入了 268 万名士兵和 6 045 辆坦克,空军部队参战飞机超过 2 000 架,是史上规模最大的坦克会战和单日空战。

③ 约翰·肯尼迪(John Kennedy,1917—1963),美国政治家,美国第 35 任总统。

④ 西奥多·索伦森(Theodore Sorensen,1928—2010),美国政界名流,《肯尼迪传》的作者,曾任肯尼迪的参议员助理和总统特别顾问,为其撰写演说稿,参与过许多美国政府的重大决策。

62

在景观富足中所做的虚假选择，是建立在既相互竞争又相互支持的景观并列之上的选择，也是角色并列（主要是由物品指意和承载的角色）之上的选择，这些角色既相互排斥又相互套嵌，而虚假选择则以幻想品质的斗争形式发展着，鼓励人们信奉数量的平庸。于是便诞生出虚假的古老对立，即地区主义或种族主义，它们负责将消费中等级位置的粗俗性改观为神奇的本体优越性。于是便重新组成了一系列无穷无尽的微小冲突，动员起一种次游戏的（sous-ludique）兴趣，从竞技体育到政治选举比比皆是。在富足消费常驻的地方，青年人和成年人之间主要的景观冲突来到虚假角色的近景中：因为哪儿都不存在成年人，即自己生活的主人，而青春，即存在之物的变化，丝毫不是这些现在尚且年轻的人的特性，而是经济制度的特性，资本主义的活力。正是这些**事物**（*choses*）在统治，而且还很年轻；它们自己相互追逐，相互代替。

63

隐藏在景观对立之后的正是**贫困的统一**。如果说同一个异化的不同形式在总体选择的面具下相互战斗着，那是因为这些对立全都建立在被压抑的真实矛盾之上。根据它所违背和坚持的贫困的特定阶段需要，景观以**集中**的形式（forme *concentrée*）或**弥散**的形式（forme *diffuse*）存在。在这两种情况下，景观仅仅是个幸运的统一形象，被包围在忧伤和惊恐中，就处在不幸的平静中心。

64

集中的景观物主要归属于官僚资本主义,此外它还可以被当作国家权力的技术被引进,作为管理更为落后的混合经济的技术,或在发达资本主义的某些危机时刻的管理技术。确实,官僚特性本身就向这个方面集中,即个体官僚只有通过官僚群体的中介,并且充当其群体的成员,才能与对总体经济的拥有发生关系。此外,商品生产在不太发达的情况下,也会以集中的形式呈现出来:官僚制度掌握的商品,就是全部的社会劳动,而它出售给社会的东西,就是它成块的存活(survie en bloc)。官僚经济的独裁不能给被剥削大众留下任何可观的选择余地,因为它自己大概已经做了全部选择,而其他任何的外部选择,不管是涉及食物还是涉及音乐,都已经是它完全毁灭的选择。官僚独裁必须伴随一种持久的暴力。被强加的财物形象,在其景观中,收集着全部的正式存在之物,并且在正常情况下集中于某个唯一的人,他是其极权一致的保证人。这位绝对的明星,每个人都必须魔术般地与其等同,否则死路一条。因为这是他的非消费主人,而且对绝对剥削来说是个可接受意义上的英雄形象,而事实上,这种绝对剥削就是通过恐怖进行加速的原始积累。如果每个中国人都必须学习毛泽东,并因此变成毛泽东,那是因为他**无法变成其他的存在**。在集中景观物统治的地方,治安(police)也在统治着。

65

弥散的景观物伴随着商品的富足,即现代资本主义的未受干扰的发展。在这里,每件商品单独拿出来都可以得到证明,以物品总体

（totalité des objets）生产的伟大成就来证明，而景观便是一份物品总体的辩护清单。那些不可调和的断言相互拥挤到富足经济所统一的景观舞台上；同样，不同的明星商品同时支持着它们自相矛盾的改造社会的计划，社会中的汽车景观要求一种毁掉古老城垣的完美交通，而都市本身的景观则需要博物馆街区。所以满足本身已经很成问题，它以属于**整体消费**而著名，但是立即被做了假，原因是真正的消费者只能直接触及这种商人幸福的一串碎片，而在这些碎片中，每次从整体中借取的品质显然都不在场。

66

每件确定的商品都在为自身而斗争，它不能认可其他的商品，声称能强加于所有地方，似乎它是唯一的商品。景观就是这种冲突的史诗曲，任何伊利昂城①的陷落都不能撼动它。景观并不歌颂人类及其武器，而是歌颂商品及其激情。正是在这种盲目的斗争中，每件商品依照自己的激情，在无意识中实实在在实现着某种更为高贵的东西：商品的变成世界（devenir-monde），这也是世界的变成商品（devenir-marchandise）。这样，通过一种**商人理性的计谋**，商品的**特殊性**在战斗中消磨殆尽，而商品形式则走向它的绝对实现。

67

富足商品在使用中不能给予的满足，在对充当商品的商品价值的

---

①　伊利昂城（Ilion），即希腊神话中的特洛伊城。荷马史诗《伊利亚特》和《奥德赛》讲述了特洛伊战争，其中有"特洛伊木马"的典故。

认可中却成为人们追求的东西：正是**商品的**使用在自我满足，而对消费者来说，却是针对商品最高自由的宗教感情的流露。针对某一特定产品的一波波热情浪潮，通过所有信息手段支持和推出的产品，以巨大的步伐向外传播。服装的款式涌现于某个电影；某个杂志推出一些俱乐部，俱乐部又推出不同的成套商品。**无用的商品**(gadget)表达了这样一个事实，在成堆的商品滑向盲目消费时，盲目者自己也变成了一件特殊商品。例如广告钥匙链，它不是购买的，而是随卖出的贵重知名商品额外赠送的，或是通过其自身领域的交换出现的，人们从中可以看到一种神秘放任的表现，即沉迷于对商品的超越。那位收藏刚刚制造并且为收藏而制造的钥匙链的人，他积累着**商品的宽容**，这是他在其信徒中真实在场的荣耀象征。被物化的人(homme réifié)表现出他与商品亲密的证据。正如在狂热教徒的激情中，或在古老宗教拜物教治愈的病人身上，商品拜物教能够到达某些痴狂兴奋的时刻。这里还能表达的唯一使用就是服从的基本使用。

68

或许，强加给现代消费的伪需求，它不能够与任何真正的需求或欲望进行对抗，因为这种需求本身都是社会和历史制造出来的。但是富足的商品还在那里，就像一种社会需求的组织发展的绝对决裂。商品的机械性积累解放出一种**无止境的人造物**，活生生的欲望在它面前显得束手无策。独立人造物的积累性威力导致**对社会生活的造假**。

69

在通过消费而实现的社会幸运统一的形象中，真正的分工仅仅被搁置起来，直到可消费物中的下一个非实现行为（non-accomplissement）。每个特殊产品，它必须表现一个闪电般捷径的希望，以便最终到达全面消费的希望之地，这种产品以庆典方式被呈现出来，成为决定性的特殊性。然而就像洗礼名字的同时传播那样，外表上似乎有些贵族味，但几乎所有同龄的个人都可以使用，人们等待其特殊权力的物品，它能将自己建议给大众并得到大众的笃信，那只是因为它被制造出相当的数量，以便能被大量地消费。某样产品的威望特征之所以能够出现，那只是因为它在某个时刻被放到了社会生活的中心，就像被揭示出来的生产的目的性。景观中具有威望的东西，在它进到某个消费者家中的时刻，它也就进到所有其他人家中，就会变得平淡无奇。产品在揭示它的本质贫乏时有些迟缓，这自然取决于其生产的贫困。然而这已经是另一个物品，由它承载着对制度的证明，并且要求得到承认。

70

满足的欺骗应该通过自行替换而自行揭露自己，要依据产品的变化和生产的普通条件的变化。那种以最无耻的方式肯定其最终卓越能力的东西，却会在弥散的景观以及集中的景观中发生改变，而只有制度才应该继续下去：正如斯大林制度以及过时的商品，那些揭露的人正是强加它们的人。广告中的每个**新谎言**都是对上一个谎言的**坦白**。每个极权形象的垮台都揭示出某种　致赞成极权的**幻想的群体**（*communauté illusoire*），而这个群体不过是个没有幻想的孤独混合体。

71

　　景观奉献的充当永恒的东西，建立在变化之上，而且必须和基础一起变化。景观绝对具有教条性，同时又不能真正达到任何牢固的教条。没有任何东西为它停下；对它来说只有状态是自然的，然而又与其倾向完全相反。

72

　　景观所宣告的非现实统一是阶级分化的面具，在这个基础上建立起资本主义生产方式的现实统一。迫使生产者参与世界建设的东西，也是使生产者与世界分离的东西。对于从其地区与民族局限中解放出来的人们，促使他们建立关系的东西，也是使他们相互远离的东西。迫使理性深化的东西，也是滋养等级剥削和压迫的非理性的东西。造就社会抽象权力的东西也造就社会的具体**非自由**（*non-liberté*）。

第四章

作为主体与表象的无产阶级

"每个人对于财富和享受的平等权利,对任何权威的破除,对任何精神制动的否定,倘若我们下到事物的深处,就是 3 月 18 日起义存在的道理,也是可怕的联盟宪章产生的理由,这个联盟给起义提供了一支军队。"

(《关于 3 月 18 日起义的议会调查》[①])

---

① 《关于 3 月 18 日起义的议会调查》(*Enquête parlementaire sur l'Insurrection du 18 mars*),法国历史家、法兰西学术院院士马扎德(Charles de Mazade,1820—1893)就巴黎公社起义所写的调查报告。

73

真正的运动，即取消现有条件的运动，从资产阶级在经济中的胜利出发去管理社会，而且显然是从这一胜利的政治解译开始。生产力的发展使古老的生产关系分崩离析，而任何的静态秩序都将变成粉尘。所有绝对的东西都变成历史事物。

74

人们只有被置于历史中，只有在参与构成历史的劳动与斗争中，才能被迫以醒悟的方式考虑他们之间的关系。尽管历史时代最新的无意识的形而上视觉能够看到生产的渐进过程，而且通过这个生产过程，历史将展现为历史的客体本身，但这种历史没有它所要自我实现的清晰客体。历史的**主体**也只能是自行生产自身的生者，成为其世界即历史的主人和拥有者，以**其游戏意识**(*conscience de son jeu*)的方式存在着。

75

就像同一股潮流，同时发展着由资产阶级开启的漫长**革命时代**的阶级斗争，还有**历史的思想**，即辩证法。这思想不再停留于寻找存在者的意义，而是提高到一切存在被解体的认识高度；而在运动中，任何分离都在解体。

76

黑格尔不用再**阐释**世界，而只须阐释对世界的**改造**。通过**仅仅阐释**改造，黑格尔仅仅是哲学的**哲学式**完成。他想要理解一个**自己创造自己**的世界。这种历史的思想还仅仅是一种意识，一种常常来得太迟的意识，它发布的是一种事后（post festum）的证明。于是它对分离的超越也只能是**在思想中**。有一种反论，它旨在将任何现实的意义空悬于其历史完成之上，同时又通过将自身构建成历史的完成来揭示这个意义。这种反论来自这样一个简单的事实，即 17 和 18 世纪资产阶级革命的思想家在其哲学中只寻找与其结果的**调和**。"即使作为资产阶级革命的哲学，它也并不表达这场革命的整个过程，而仅仅是革命的最后结论。从这个意义上讲，它不是革命的哲学，而是复辟的哲学"（卡尔·柯尔施①《关于黑格尔和革命》）。黑格尔曾经最后一次做了哲学家的工作，即"对存在物的颂扬"，然而当时对他来说，存在的东西也只能是历史运动的总体。确实，由于思想的**外部**立场得到维持，它只能通过一种对精神的预先计划的认同来掩盖，这一精神即绝对的主人公，他做了他想做的事，想了他做过的事，而事情的完成与现时正好吻合。这样，正在思想中死去的哲学，也只能通过拒绝它的世界而颂扬这个世界，因为如果想要说话，它就必须已经做出假设，即它将一切归咎其中的这个总体历史已经结束，可能会做出真相判决的唯一法庭也已经休庭。

---

① 卡尔·柯尔施（Karl Korsch, 1886—1961）德国哲学家，西方马克思主义早期代表人物之一，代表作为《马克思主义和哲学》。

77

无产阶级通过其行为的固有存在表明，这种历史的思想并未被人们忘记，这时，对**结论**的否定就是对方法的肯定。

78

历史的思想只有在变成实践思想时才能得到拯救，而作为革命阶级的无产阶级实践，也不能逊色于操作其世界总体（totalité de son monde）的历史意识。**革命**工人运动的所有理论思潮都来自与黑格尔思想的关键冲突，在马克思身上是这样，在施蒂纳①和巴枯宁②身上也是这样。

79

马克思理论和黑格尔方法的不可分离的特点，本身就与这种理论的革命特点即它的真理不可分离。正因如此，这个初始关系通常被人忽视或误解，或者还被斥责为一种缺点，即虚假地变成马克思主义的**学**

---

① 麦克斯·施蒂纳（Max Stirner，1806—1856），原名约翰·卡斯巴尔·施密特（Johann Kaspar Schmidt），德国哲学家、个人无政府主义的创始人，也被看作存在主义的先驱，代表作为《唯一者及其所有物》。

② 巴枯宁（Mikhaïl Bakounine，1814—1876，俄语 Михаил Александрович Бакунин），俄国早期革命家、无政府主义者，著作有《国家制度和无政府状态》《上帝与国家》《国际革命协会的原则和组织》等。

说。在《理论的社会主义和实践的社会民主》一书中,伯恩斯坦①完美地揭示了辩证方法与历史**立场**之间的联系,哀叹 1847 年《共产党宣言》中关于在德国即将发生无产阶级革命的预言缺乏科学依据:"这种历史的自我推测相当错误,以至第一位来到的政治空想家,他似乎找不到比这更好的东西,这种事发生在马克思身上似乎难以理解,因为他在这个时期已经认真研究过经济学。人们真不愿意从中看到一种黑格尔反命题辩证的残余的产物,其实马克思,甚至恩格斯,从来就没能彻底摆脱掉这个反命题辩证。在那些普遍动荡的年代,这对马克思来说是尤其致命的失误。"

80

马克思所进行的**颠倒**,以便"通过转移而拯救"资产阶级革命的思想,并不是平庸地去替代,即以生产力的唯物主义发展去替代黑格尔精神在当时与其思想相遇的历程,因为他的客观化(objectivation)与其异化等同,而其历史伤口也没有留下伤疤。变得真实的历史不再有**终结**。马克思摧毁了黑格尔面对所发生事物的**被分离**立场,也摧毁了一个外部最高主使的**凝视**,不管他是怎样的主使。理论只须知道它所做的事情。相反,对经济运动的凝视,在现代社会的主导思想中,才是某种循环体系的黑格尔意向中**非辩证**(*non-dialectique*)方面**非颠倒**(*non renversé*)的遗产:这是一种丢失了观念维度的赞同,它不再需要黑格尔主义给自身证明,因为这里所赞扬的运动不过是无思想世界的一个区域,其机械的发展确实统治着一切。马克思的规划是有意识的历史规划。简单经济生产力的盲目发展中出现的数量,必须转换成对质量的

---

① 伯恩斯坦(Eduard Bernstein,1850—1932),德国政治家、社会主义理论家,德国社会民主党成员,主要作品有《理论的社会主义和实践的社会民主》《社会主义的前提和社会民主的任务》等。

历史占有。《政治经济学批判》是这个**史前史终结**的第一幕："在所有的生产工具中,最伟大的生产力就是革命的阶级本身。"

81

将马克思理论与科学思想紧密联系起来的东西,便是对社会中真正实施的各种力量的理性理解。然而这个理论从根本上说是科学思想的一个**彼处**,科学思想只有在那里被超越后才能保存下来:这就是对**斗争**的理解,而不是对**法则**的理解。"我们仅仅知道一门唯一的科学,即历史科学",《德意志意识形态》如是说。

82

资产阶级时代,它想要科学地建立历史,却忽略了一个事实,这个可支配的科学,它自身更应该是与经济学一起历史地建立的科学。反过来,只有当这种历史仍然是**经济史**时,历史才会绝对依赖于这种认识。曾经有多少历史的部分,就在经济本身中——改变其基础科学资料的总体过程中——况且已经被科学观察的观点所忽略,这便是社会主义者的算计所展示的空洞无物,他们以为已经建立起一种危机的精确周期性;自从国家的持续干预成功地补偿了趋向危机的效应,同类的说理在这种平衡中看到了一种最终的经济和谐。克服经济问题的计划,着手掌握历史的计划,如果它必须认识——而且为自己找回——社会的科学,那它自己就不具有**科学性**。在最后这个运动中,在自以为通过科学知识主宰当今历史的运动中,革命的观点还停留在资产阶级阶段。

83

社会主义的空想思潮,尽管它们自身历史地建立在对现存社会组织的批评中,但恰恰可以被称为空想的思潮,原因是它们拒绝历史——正在进行的真实斗争,还有时间的运动,这个时间超越了它们对幸福社会空想形象的永久完善——而不是因为它们拒绝科学。相反,空想主义思想家们完全被科学思想所统治,正如科学思想在前数个世纪中逐步立足(s'imposer)那样。这些思想家寻找着这个普遍理性体系的圆满完成:他们丝毫不把自己看作手无寸铁的预言家,因为他们相信科学展示的社会权力,而圣西门主义[1]则甚至相信能通过科学去夺取权力。正如桑巴特[2]所说:"他们怎么能通过斗争来夺取必须**被证明**的东西?"然而,空想主义者们的科学观念并不扩展到这一认识,即不同社会团体在现存境况中都拥有利益,它们有保持这种境况的力量,而且也具有对应于这般立场的虚假意识的形式。因此,科学观念就在科学本身发展的历史现实之内,而这个发展在很大程度上受到**社会需求**的引导,而产生于这般因素的社会需求,它所选择的不仅仅是可以被接受之物,也包括能够被找回的东西。空想社会主义者被**科学真理的展示方式**所禁锢,根据其抽象的纯粹形象去设想这个真理,这个形象正如社会的先前阶段所看到的那样,是个逐步立足的抽象形象。正如索雷尔[3]所指出

---

① 圣西门主义(saint-simonisme),法国哲学家圣西门创立的学说。圣西门(Claude-Henri Saint-Simon,1760—1825),法国经济学家、哲学家,19世纪初叶杰出的思想家,马克思、恩格斯把他同傅立叶、欧文并列为三大空想社会主义者。作品有《一个日内瓦居民给当代人的信》《论实业制度》《新基督教》等。

② 桑巴特(Werner Sombart,1863—1941),德国经济学家、社会学家,著有《19世纪的社会主义与社会运动》《为什么美国没有社会主义》等。

③ 索雷尔(Georges Sorel,1847—1922),法国哲学家、社会学家,他以宣传革命的工团主义理论而著称,也是法国主要的马克思主义理论家之一。著作有《关于暴力的思考》《进步的幻想》《无产阶级理论的材料》等。

的那样,正是基于**天文学**模式,空想主义者想象会发现和展示社会的法则。他们所瞄准的协调,与历史相对抗的协调,来自一种应用的尝试,应用于最不依赖于历史科学的社会。它试图让人们认可它,抱着与牛顿主义①同样的实验性清白,而持续预设的幸福命运,"在其社会科学中,扮演着与在理性力学中成功发现惯性的那个人同样的角色"(《无产阶级理论的材料》)。

84

　　马克思思想中的科学决定论(déterministe-scientifique)方面恰恰是一个缺口,"意识形态化"过程就通过这个缺口乘虚而入,在他活着时是这样,在他留给工人运动的理论遗产中更是这样。历史主体的到来被推延到更迟的时候,而只有最杰出的历史科学,即经济学,才能越来越全面地保障一种需求,对自身未来否定的需求。然而由于这种做法,革命的实践则被推到理论视觉的场域之外,而革命的实践才是这个否定的唯一真理。因此就有必要耐心地研究一下经济发展,还要以黑格尔式的安静情绪去接受它的痛苦,这一点在其结果中还是"良好意向的公墓"。根据革命的科学,人们发现在当今,**意识总是到来得太早**,而且意识必须传授于人。"历史曾经指责我们,针对我们以及所有和我们有同样想法的人。历史清楚地表明,当时欧洲大陆经济发展的状况还远远没有成熟……"恩格斯后来在 1895 年这样说过。马克思一生都保持着其理论的统一观点,不过其理论的**表述**却处在一种主导思想的**土地**上,即精确表现为针对特殊学科的批评形式,主要是针对资本主义社会基础科学即政治经济学的批评。正是这种肢解,后来又被人们接受的

---

　　①　牛顿主义(newtonisme),牛顿的哲学体系,即关于天体运动和万有引力的理论。

最终肢解，造就了"马克思主义"。

85

马克思理论的缺陷自然也是他那个时代无产阶级革命斗争的缺陷。在 1848 年的德国，工人阶级并没有发布持久革命的命令；巴黎公社在孤立无援中战败。因此，革命理论还没能达到其自身的全面存在。被限制在**大英图书馆**里捍卫革命理论，在学者研究的分离中提炼革命理论，这就会导致理论本身中的损失。恰恰是这些关于工人阶级发展前途的科学证明，还有与这些证明相结合的组织实践，到了某个更为先进的阶段，将成为无产阶级觉悟的障碍。

86

在**科学地**捍卫无产阶级理论的斗争中，任何理论的不足，无论是在内容方面还是在形式方面，都有可能导致一种认同，即**从革命夺取政权的角度看**，无产阶级等同于资产阶级。

87

依据过去**重复**的实验去建立一种展示的倾向，即证明无产阶级政权的科学合法性，这从《共产党宣言》时起就让马克思的历史思想变得昏暗，让其支持一种生产方式发展的**线性**形象，这种发展是由阶级斗争带动的，而阶级斗争的最终结果每次都是"整个社会受到革命改造或斗争的各阶级同归于尽"。但是在历史的可观察现实中，还有"亚洲的生产方式",正如马克思在别处所见证的那样,尽管有各种阶级冲突,却保留了其稳定状态,同样,农奴的起义从来没有战胜过男爵贵族,古代的奴隶反抗也不能战胜自由人。线性的图式首先就看不到一个事实,**资产阶级是曾经得胜的唯一革命阶级**;它同样也是这样一个唯一阶级,即经济的发展对它来说,既是控制社会的原因,也是控制社会的结果。同样简单的思考导致马克思忽略了国家在阶级社会管理中的经济角色。如果说处于上升时期的资产阶级似乎解放了国家经济,那仅仅是因为古老的国家在一种**静态经济**中与阶级压迫的工具混为一体。资产阶级在中世纪国家的虚弱时代,在平衡的权力被封建分裂的时刻,发展了它独立的经济威力。而近代国家通过重商主义,开始支持资产阶级的发展,在"放任自流、货物通畅"的时代,最终成为资产阶级**自己的国家**,后来它又在**经济过程**的精明管理中显示出一种核心威力。然而马克思也曾经从**波拿巴主义**①角度,描述了近代国家官僚制度的雏形,即资本与国家的融合,构成一种"资本凌驾于劳动之上的国家权力,一种旨在奴役社会的有组织的公共力量"。在这样的国家中,资产阶级将放弃除事物经济历史之外的任何历史生活,它情愿"与其他阶级一样被迫成为政治的虚无"。这里就已经展现出近代景观的社会政治基础,近代景观将从负面定义无产阶级,将其定义为**历史生活的唯一追求者**。

88

两个唯一的阶级,真正与马克思理论对应的两个纯粹的阶级,即

---

① 波拿巴主义(bonapartisme),即参照法国皇帝拿破仑一世(Napoléon Bonaparte,1769—1821)的历史功绩发展起来的治理国家的思想。狭义的波拿巴主义主张建立共和的帝国制度,并且由波拿巴家族的人担任国家元首;广义的波拿巴主义指建立一个执法权强大和中央集权的全民国家,但本质上遵循共和思想,通过公民投票定期向人民咨询。这是建立在国家精英和普通民众的融合基础之上的一种制度。

《资本论》中全面分析的资产阶级和无产阶级,也是历史上仅有的两个革命的阶级,然而其状况则大相径庭:资产阶级革命业已完成;无产阶级革命还只是一个规划,它是在前一次革命的基础上诞生的规划,而且在性质上与前者完全不同。忽略资产阶级历史作用的**特色**,那就掩盖了这个无产阶级规划的具体特色,这个规划就不能实现,充其量只能穿着其自身的色彩,而且会遇到"其任务的艰巨性"。资产阶级能够登上权力舞台,因为它是发展中的经济的阶级,而无产阶级只有通过成为**觉悟的阶级**才能让自己成为权力。生产力的成熟并不能保障这样一种权力,即使通过权力带来的不断剥夺的迂回方法亦然。雅各宾派①夺取国家权力的方法不能成为它的工具。没有一种**意识形态**能够帮助它将部分目的装扮成普遍目的,因为无产阶级不能够保留真正属于自己的任何部分现实。

89

如果说马克思在其参与无产阶级斗争的特定时期,曾经过分地期待于科学预见,以至创立了其经济主义幻想的知识基础,那么众所周知,他个人并没有屈从于幻想。在 1867 年 12 月 7 日那封著名的信件中,附着一篇他自己批判《资本论》的文章,恩格斯将这篇文章发表在刊物上,仿佛这篇文章出自一位政敌之手,马克思在文中清楚地展示了他自己科学的局限性:"……作者的**主观**倾向(也许是他的政治立场或他的过去强加于他的),也就是说他表现自己的方式,还有他向别人表现当今运动最终结果和当今社会进程的方式,与其真正的分析没有任何关系。"就这样,马克思在自己揭露其客观分析的"倾向性结论"之时,通

---

① 雅各宾派(les Jacobins),法国大革命时期三大派别之一,后期首领为罗伯斯庇尔(Robespierre, 1758—1794),主张暴力革命,实行革命的大恐怖,最终导致"热月政变"和大革命的失败。

过讽刺，即与强加于他的科学外（extra-scientifique）选择相关的"可能"的讽刺，同时指明了两个方面融合的方法论要领。

90

正是在历史斗争的本身中，才必须实现认识与行动的融合，让每个词语将真理的保障放置到另一个词语中。让无产阶级构成主体，就是对革命斗争的组织，就是在**革命时刻**对社会的组织：正是在这里应该存在着**觉悟的实践条件**，在这些条件下，实践的理论在变成实践理论的过程中得到证明。不过，这个组织的中心问题，在工人运动刚刚兴起的时代，是革命理论最少考虑的问题，也就是说，当时这个理论还拥有从历史思想继承下来的**统一**特点（而该理论自我赋予的任务恰恰是发展一种**实践**，直至一种统一的历史**实践**）。相反，对这个理论来说，这里是个**不结果**之地，因为它允许采用那些从资产阶级革命中借来的国家和等级的应用方法。工人运动的组织形式，建立在抛弃该理论的基础之上，反过来又倾向于禁止人们维持统一的理论，将其分解为特殊的和碎片式的不同知识。理论的这种意识形态异化，在自发的工人斗争中出现一种检验时，便不再认可对它自己所背离的统一历史思想进行的实践检验；它只能协助去压制对工人斗争的表现与记忆。然而，斗争中出现的这些历史形式，它们恰恰构成了理论所缺少的实践环境，以便让这个理论成为真正的理论。这些形式是理论的要求，但还没有在理论上进行表述。**苏维埃**并不是一个理论的发现。况且，国际劳动者协会的最高理论真理便是其实践中的存在。

91

　　共产国际斗争的初期成功,引导第一国际从主导的意识形态的混乱影响中解放出来,这种影响一直残留在国际里。然而它不久后遭遇的失败和镇压,将无产阶级革命的两种观念的冲突推向了前台,这两种观念都包括了某种**独裁**的维度,由于这个独裁维度,无产阶级的有意识自我解放便被放弃。确实,马克思主义者和巴枯宁主义者之间的争论变得不可调和,而且是双重的争论。该争论既涉及革命社会中的权力问题,又涉及运动的当今组织问题,从这个方面到那个方面,对手们的立场都背道而驰。巴枯宁抨击那种通过专断使用国家权力而消灭阶级的空想,预想一种官僚统治阶级的重建和渊博专家的专政,或那些名人的专政。马克思曾经认为,经济的矛盾和工人的民主教育之间不可分离的成熟,会将无产阶级国家的作用缩减到简单的法律认可阶段,使得客观确立的新型社会关系合法化,于是他便揭露巴枯宁及其支持者身上的阴谋精英的独裁主义,这些阴谋精英毫不犹豫地凌驾于共产国际之上,形成一种险恶用心,试图将貌似革命而又不负责任的专政强加于社会,或者强加那些自封的革命者的专政。巴枯宁也确实招募了一批支持者,依据的是这样一种视角:"作为大众风暴中心的隐身领航员,我们应该引导这场风暴,不是借助明显的权力,而是通过所有**联盟者**的集体专政。这个专政没有绶带,没有头衔,没有正式权利,而正因为它没有任何权力的外表而变得更加强大。"这样就形成了关于工人革命的两种**意识形态**的对立,而每种意识形态中都包括了部分的真实批判,但是却失去了历史思想的统一性,把自己建立为意识形态**权威**。那些强大的组织,如德国社会民主党和伊比利亚无政府主义者联盟①,它们曾经忠实地服务于这些意识形态中的这个或那个,但在所有地方,其结果都大相径庭,事与愿违。

92

　　将无产阶级革命的目的看作**即时地在场**(*immédiatement présent*),这一事实同时构成无政府主义真正斗争的伟大和渺小(因为在其个性的变种中,无政府主义的主张显得微不足道)。从现代阶级斗争的历史思想中,集体无政府主义仅仅保留了结论,而它对这个结论的绝对要求,也同样表达在其对方法的果断蔑视中。因此它对**政治斗争**的批判停留在抽象层面上,而对经济斗争的选择也只能根据最终解决的空想来确定,这个最终解决是在这个场地上一下子获得的,就在全面罢工或起义的那一天。无政府主义者**需要实现一个理想**。无政府主义是对国家和阶级的**意识形态式**否定,即对被分离的意识形态的社会条件本身进行否定。正是**纯粹自由的意识形态**使一切变得平等,排除关于历史邪恶的任何想法。这种关于融合所有部分要求的观点,给无政府主义提供了表现拒绝现存条件的功绩,它针对的是生活的整体,而不是围绕某种特有的批评专业化。但是由于这种融合是以绝对方式考虑的,依据的是个体的任性,而且是在融合真正实现之前,因此也会将无政府主义指责为一种很容易见证的不协调。无政府主义只须重新表述,在每次斗争中重新启动其简单的总体结论,因为那个早先的结论从一开始便被等同于运动的完整成就。因此,巴枯宁在1873年离开汝拉

---

　　① 伊比利亚无政府主义者联盟(Fédération Anarchiste Ibérique,西班牙语为 Federación Anarquista Ibérica),1927年在瓦伦西亚秘密成立的西班牙专门组织,主张以起义反抗资本主义统治,建立自由的共产主义(communisme libertaire)。

山同盟①时可以这样写道："近九年来，人们为了拯救世界，在共产国际中发展了比实际需要更多的思想，如果仅仅靠思想就能拯救世界，那么我将向发明新思想的任何人发出挑战。如今的时代已经不属于思想，而是属于事实和行动。"这个观念可能从无产阶级历史思想中保留了这样一种肯定，即思想应该变成实践，然而这种肯定又离开了历史的场地，它假设从思想过渡到实践的相应形式已经找到，而且不再变化。

93

无政府主义者以其意识形态的信念，明显区别于工人运动的整体，他们会在自己和工人之间重新制造这种能力的分离，向尚未成形的统治提供一块有利的土地，这是那些自己意识形态的宣传者和保卫者的统治，遍布任何无政府主义的组织，他们一般来说都是很可笑的专家，因为他们的智力活动主要是对若干最终真理的不断重复。在决定中对意见一致的意识形态的尊重，在组织中就更有利于**自由专家们**那无法控制的权威；而革命的无政府主义从被解放的人民那里所期待的也是同一类型的意见一致，并且通过同样的方法去获得。此外，拒绝考虑条件的对立，即现有斗争与自由个人社会之间的对立，在共同做决定的时刻，滋养了一种持久的无政府主义者之间的分离，正如西班牙层出不穷的无政府主义者起义的例子所展示的那样，在地区层面上一次次被限制和镇压。

① 汝拉山同盟(Fédération jurassienne)，活跃于19世纪70年代的瑞士无政府组织。受巴枯宁思想影响，瑞士的伯尔尼、巴塞尔、弗莱堡、日内瓦等都市于1872年联合成立了汝拉山同盟，成为国际反专制的先锋。1880年因政见分歧而自行解散。

94

在真正的无政府主义中或多或少明显保持的幻想，就是一场革命的持续迫近，通过它的瞬间完成这场革命必须赋予意识形态理由，赋予从意识形态中衍生的组织实践的模式理由。无政府主义在1936年确实导致了一场社会革命，形成了比以往任何时候更为先进的无产阶级政权的雏形。在这种情况下还必须指出，一方面，全面起义的信号是军队强加的军事政变（pronunciamiento），另一方面，这场革命在最初的日子里并没有完成，原因是佛朗哥①政权在半个国家中依然存在，还得到国外的强大支持，而且国际无产阶级运动的其他起义已经被打败，还因为资产阶级的残余力量相对强大，而共和国阵营中还有其他一批国家式工人政党。因此，有组织的无政府主义运动显得无法将革命的半途胜利进行到底，甚至连捍卫这些半途胜利也做不到。那些公认的革命领袖都成了部长，成了资产阶级国家的人质，而资产阶级国家摧毁革命，为的是国内战争的失败。

95

第二国际"正统的马克思主义"是社会主义革命的科学的意识形态（idéologie scientifique），它将其整个真理等同于经济中的客观过程，等同于受过组织教育的工人阶级对这种必要性进行认同的进步。这种意识形态在教学演示中重新找回了信心，虽然这种教学曾经成为空想社

---

① 佛朗哥（Francisco Franco，1892—1975），西班牙政治人物。在20世纪30年代的西班牙内战中，他率领民族主义军队打败了共和军，推翻了民主共和国，从1939至1975年担任国家元首，实行独裁统治。

会主义的特点，但在历史进程中已经搭配上**凝视的**参照：然而，这样一种态度既丢失了黑格尔总体历史的维度，又丢失了空想主义批判（最大程度的批判是傅立叶①）的现存总体性的静止形象。正是基于这种科学态度，即以对称方式推动伦理选择的强硬态度，希法亭②的废话才这般证明，他当时说，承认社会主义的必要性并不提供"有关应该采取的态度的指示。因为承认一种必要性是一回事，而着手为这个必要性服务则是另一回事"（《金融资本》）。有些人不了解这一点，即历史的统一思想，对于马克思和革命的无产阶级来说，**与需要采取的实践态度毫无区别**，这些人通常应该是他们所同时采纳的实践的受害者。

96

社会民主组织的意识形态将意识形态交给了**教授们**，让他们去教育工人阶级，而所采取的组织形式则是与这种被动学习相适应的形式。第二国际的社会主义者对政治经济斗争的参与当然是具体的，但在深层却是**非批判性的**。它以**革命幻想**的名义进行着，依据的显然是一种**改良性**实践。这样，革命的意识形态可能会被坚持这种意识形态的人们的成功所打碎。运动中议员和记者们的分离，将从资产阶级知识分子中招募的那些人带向了资产阶级生活方式。工会官僚已经成为劳动力的经纪人，将劳动力当作物有所值的商品去出售，即使是那些从产业工人斗争中招募的人，或是从他们中选拔出来的人，情况也是如此。为使他们所有人的活动保持某种革命性，就必须让资本主义幸运地处于

---

① 傅立叶(Charles Fourier, 1772—1837)，法国哲学家、经济学家，与圣西门、欧文并称三大空想社会主义者，著有《关于四种运动和普遍命运的理论》《宇宙统一论》《经济的和协作的新世界》等。

② 希法亭(Rudolf Hilferding, 1877—1941)，奥地利裔德国政治家、社会主义者、德国社会民主党理论家，著有《庞巴维克对马克思的批判》《金融资本》等。

无能境地，即在政治上可以**容忍**合法动荡中的改良主义，而在经济上却无法**支持**它。产业工人的科学所保障的就是这样一种不兼容性，而历史则时时刻刻都在否决。

97

这个矛盾，伯恩斯坦很正派地想展示其现实，因为他是最远离政治意识形态的社会民主分子，也是最直率地与资产阶级科学方法论相结盟的人，而这个现实——而英国工人的改良运动，在放弃革命意识形态之时，也表现出这种情况——在被展现时若不受质疑，就只能通过历史的发展本身。此外，尽管伯恩斯坦充满幻想，却否定了这一点，即资本主义生产的危机将奇迹般地迫使社会主义者就范，而社会主义者只想通过某种合法的祭奠从革命中继承遗产。社会深度动乱的时刻伴随着第一次世界大战而到来，而且在觉悟方面也是富饶的时刻，它曾经两次表明，社会民主的等级并没有在革命层面上进行教育，丝毫没有让德国工人**变成理论家**：首先是该党的大多数成员支持帝国主义战争，然后是在战败后，他们参与镇压了斯巴达克团①革命者。工人出身的艾伯特②还相信原罪，因为他承认自己"像对待原罪那样"痛恨革命。这位社会民主党领导人自我标榜为**社会主义代表制**的最佳先驱，然而不久后又以绝对敌人的身份反对俄国和其他地方的无产阶级，他制定出这种新型异化的准确纲领："社会主义意味着努力劳动。"

---

① 斯巴达克团（Ligue Spartakiste），德国左派社会民主党人的革命组织，领导人有卡尔·李卜克内西、罗莎·卢森堡、弗兰茨·梅林等。斯巴达克团广泛开展革命宣传活动，组织领导工人斗争和反战运动。

② 艾伯特（Friedrich Ebert，1871—1925），德国政治家，社会民主党成员，魏玛共和国第一任总统。

98

　　作为马克思主义思想家,列宁不过是位**忠实一贯的考茨基**①**主义者**,在俄国条件下应用"正统马克思主义"的**革命意识形态**,俄国的条件不允许第二国际进行相应的改良主义实践。无产阶级的**外部**领导,通过纪律严密的地下党来实现,这个党又服从于已经成为"职业革命家"的知识分子,这种领导在此构成一种职业,而且不愿意向资本主义社会的任何领导职业妥协(此外,沙皇政治制度也无法提供这样的开口,其基础将构成资产阶级政权的先进阶段)。它因此成为社会的**绝对领导的职业**。

99

　　布尔什维克的独裁意识形态的激进主义,随着战争的来临及国际社会民主党面临战争时的垮台,得以扩展到全世界范围内。工人运动民主幻想的血腥结局曾经将全世界变成了俄国,而布尔什维克主义,它统治着由危机时期导致的第一次革命决裂,向所有国家的无产阶级奉献出它的等级模式和思想模式,以便对统治阶级"用俄语说话"。列宁并没有指责第二国际的马克思主义是一种革命的**意识形态**,而是责备它不再是革命的意识形态。

---

　　①　考茨基(Karl Kautski, 1854—1938),德国政治家、马克思主义理论家。著作有《托马斯·莫尔及其乌托邦》《社会主义纲领》《伯恩斯坦和社会民主党的纲领》《土地问题》《社会革命》《基督教之基础》《取得政权的道路》《恐怖主义和共产主义》等。

100

就在同一历史时刻，即布尔什维克**为了自身**在俄国取得胜利之时，还有社会民主党**为了旧世界**而胜利地战斗时，这个时刻标记了一种事物秩序的完全诞生，而这个秩序则位于现代景观的统治中心：**工人的代表**与工人阶级彻底对立。

101

罗莎·卢森堡①在 1918 年 12 月 21 日的《红旗》②中写道："在所有先前的革命中，战斗者都亮出面孔进行厮杀：阶级对抗阶级，纲领对抗纲领。而在当今的革命中，旧秩序的保卫部队并不打着领导阶级的招牌前来干预，而是打着'社会民主党'的旗号。如果革命的中心问题是公开和坦诚地提出来的，如资本主义或社会主义，如今在无产阶级广大群众中就不可能有任何疑问、任何迟疑。"因此就在德国无产阶级激进思潮毁灭的前几天，它发现了整个先前过程（工人代表曾经对此做过重大贡献）曾经创造的新条件的秘密：保卫现有秩序的景观组织，也是外表的社会统治，其中的任何"中心问题"都不再能"公开和坦诚地"提出。这个阶段的无产阶级革命代表，既成为社会普遍做假的主要因素，也是这种做假的中心结果。

---

　　①　罗莎·卢森堡（Rosa Luxembourg，1871—1919），德国思想家、革命理论家。她参与创立了斯巴达克团和德国共产党，1919 年在斯巴达克团起义中被杀害。著作有《社会改良还是革命？》《资本积累论》《政治经济学导论》等。
　　②　《红旗》（*Rote Fahne*），由李卜克内西和罗莎·卢森堡于 1918 年在柏林创办的德国共产党报纸，宣传斯巴达克团的革命思想，后成为德国共产党机关报。

102

效仿布尔什维克模式而建立的无产阶级组织,它诞生于俄国的落后状况,还有先进国家工人运动对革命斗争的放弃,然而它却在俄国的落后中巧遇到所有的条件,推动这种组织形式朝着反革命颠覆的方向发展,这种颠覆已经不知不觉地包含在它初始的萌芽中;而欧洲工人运动的大众在面对 1918—1920 年间的"这里就是罗得岛,你跳吧!"①的重复放弃,包括暴力毁灭激进少数派的放弃,都有利于过程的完整发展,让其骗人的结果在人们面前得到肯定,被当作无产阶级的唯一解决办法。诉诸代表制的国家垄断,诉诸工人权力的捍卫,这就足以证明布尔什维克党的行为,使它**成为它该是的那样:无产阶级所有者**的政党,它主要消除的是从前的所有制形式。

103

在对 20 年来俄国社会民主党的不同倾向——资产阶级的弱点,农民占大多数的分量,无产阶级集中而具有战斗性的决定作用,但在全国又处于极其少数的地位——的总是不太令人满意的理论争论中,所有考虑到的对沙皇独裁的清算条件最终在实践中揭示了它们的解决办法,依据的却是在假设中并不在场的资料:领导无产阶级的革命官僚,在夺取国家权力之时,也给社会提供了一个新的统治阶级。严格意义上的资产阶级革命是不可能的;"工农民主专政"是毫无意义的空话;苏

---

① "这里就是罗得岛,你跳吧!",原文为拉丁语"Hic Rhodus, hic salta",意为"证明你的能力"。

维埃无产阶级政权不能同时坚守阵地，既反对农民地主阶级，又对抗国内、国际的白色反动派，又反对自身那外化和异化成工人政党的代表，这是一个国家的、经济的、言论的、不久还有思想的绝对主人的政党。托洛茨基①的持久革命的理论和帕尔乌斯②，即列宁在 1917 年 4 月实际结盟的理论，对落后的国家来说是唯一变得真实的理论，这是从资产阶级社会发展的眼光来看，而且仅仅是在官僚阶级政权这个未知因素被引入之后。在意识形态最高代表手中的专政集中，是列宁在布尔什维克领导的多次冲突中最一贯捍卫的集中。列宁每次反对其政敌时都很有道理，其原因在于他支持由少数派绝对权力的前期选择所带来的解决办法：在**国家层面上**拒绝给予农民的民主，也必须拒绝给予工人。这就使得人们拒绝将民主给予各同盟的共产党领导人，在全党中如此，最终直到政党的最高等级。在第十次代表大会上，即喀琅施塔得③苏维埃被军队镇压而且淹没在诽谤中时，列宁就发表了这个结论去驳斥组织成"工人反对派"的左翼官僚主义者，而斯大林则将这个结论的逻辑扩展到某个世界的完美分裂中："这里或那里，我们要的是枪杆子，而不要反对派……我们讨厌反对派。"

---

①　托洛茨基（Léon Trotsky，1879—1940，俄语为 Лев Троцкий），俄国无产阶级革命家，列宁的亲密战友，20 世纪国际共产主义运动的左翼领袖。著作有《俄国革命史》《列宁以后的第三国际》《被背叛的革命》《文学与革命》等。

②　帕尔乌斯（Alexandre Parvus，1867—1924，俄语为 Александр Парвус），俄国政治家、德国社会民主党成员。

③　喀琅施塔得（Cronstadt），俄罗斯重要军港，位于芬兰湾东端科特林岛，东距圣彼得堡 29 公里。1921 年，一群喀琅施塔得的水手、士兵和平民支持者发动反对喀琅施塔得布尔什维克政府的叛乱，史称"喀琅施塔得叛乱"。他们要求实行言论自由，改变苏联战争政策，停止共产党对苏维埃的控制并允许更多的私人财产。苏联红军总指挥托洛茨基派军队进入喀琅施塔得，及时地镇压了叛乱。

104

官僚制度仍然是**国家资本主义**的唯一所有者，在喀琅施塔得事件之后，在实施"新经济政策"期间，通过与农民阶级的暂时结盟，它首先在内部保证了自己的政权。它也从外部保卫了这个政权，通过使用第三国际官僚政党的工人士兵，让其充当俄国外交的补充力量，以便破坏任何的革命运动，还支持一些资产阶级政府，想在国际政治中（1925—1927 年中国的国民党、西班牙和法国的人民阵线等）得到某种支持。但是官僚社会必须通过对农民阶级实施的恐怖去继续它自身的完成，以实现历史上最为粗暴的原始资本主义积累。斯大林时期的这种工业化揭露了**官僚制度**的最近现实：它是经济权力的继续，是对保持劳动商品的商品社会本性的拯救。这是统治着社会的独立经济的证据，以至为其自身目的重新创造了它所需要的阶级统治：这就是说资产阶级创造了一种自主的威力，只要这种自主性还存在，这种威力就可以到达取消资产阶级的地步。在布鲁诺·里兹①的理解中，极权官僚阶级不是"历史上最后的所有制阶级"，它仅仅是一个商品经济的**替代性统治阶级**。没落的资本主义私有制被一个简化的亚产品（sous-produit）所替代，它不太多样，而且**集中**于官僚阶级的集体所有制中。这种统治阶级的不发达形式也是经济不发达的表达方式，而其前景仅仅是追赶世界某些地区的发展迟缓。正是工人政党，按分离的资产阶级模式组织的政党，向额外的新版统治阶级提供了国家等级的环境。安东·西利加②在斯大林的监狱里做了这样的记录："组织的技术问题曾经显示为

----

① 布鲁诺·里兹（Bruno Rizzi，1901—1977），意大利政治家、马克思主义理论家，意大利共产党创始人之一，代表作为《苏联：官僚集体主义——世界的官僚化》。
② 安东·西利加（Anton Ciliga，1898—1992），克罗地亚政治家和作家。南斯拉夫共产党的创始人之一，代表作为《令人困惑的谎言之国的十年》。

社会问题"(《列宁和革命》)。

105

革命的意识形态,**被分离物的协调**,即列宁主义构成其最大意志主义努力的协调,决定着对推动自身的现实的管理,经过斯大林主义的改造,这种协调成了**不协调中的真理**。这个时候,意识形态不再是一种武器,而是一个目标。不再被人否定的谎言将变成疯狂。现实与目的一样,被分解在极权的意识形态宣告中:它所说的一切就是存在的一切。这是景观的地方原始主义,然而其作用在世界景观的发展中举足轻重。这里正在物质化的意识形态,它不像到达物质富足阶段的资本主义,并没有从经济上改造世界;它只是从治安角度改造**感知**(*perception*)。

106

执政的极权意识形态阶级是一个颠倒的世界的政权:它越是强大,就越是断定自己不存在,而它的力量首先用来断定它的非存在(inexistence)。它就在这一点上比较谦虚,因为它正式的非存在也应该对应于历史发展的顶峰(nec plus ultra),同时,这些都应该归功于其坚不可摧的指挥。到处都是官僚制度,对意识来说它该是个**隐身的阶级**,以至整个社会生活都变成了　种疯狂。绝对谎言的社会组织就来自这种根本的矛盾。

107

斯大林主义是官僚制度本身中的恐怖统治。建立该阶级政权的恐怖主义也一定会打击本阶级，因为它不具有任何法律保障，没有任何存在被认可为有产阶级，也不能将这个存在扩展到它的每个成员。真正的所有制被掩盖了起来，只有通过虚假意识的道路方能成为所有者。虚假意识只有通过绝对的恐怖才能维持其绝对的权力，在绝对恐怖中，任何的真实动机都将以失败告终。执政的官僚阶级的成员们，对社会只有集体地拥有的权利，只能充当基本谎言的参与者：他们必须扮演领导社会主义社会的无产阶级角色，即使必须是意识形态非忠实性的文本的忠实执行者。但是对这个说谎存在者的实际参与，本身也应该被认可为一种真实的参与。任何官僚者都不能个体地支持其面对政权的权利，因为要证明他是一位社会主义无产者，这就表明他是官僚者的反面；而要证明他是一位官僚者是不大可能的，因为官僚制度的官方真理就是不要存在。这样，每位官僚者就处在绝对依赖的状况，依赖于一种意识形态的**中心保障**，它承认一种对"社会主义政权"的集体参与，这一政权是**意识形态不能消灭的所有官僚者的政权**。如果说形成整体的官僚者能决定一切，那么他们自身阶级的一致就只能通过集中于一人身上的恐怖主义权力的集中来保证。在这个人身上，常驻着**政权中**唯一谎言的实践真理：其不容讨论的边界定位总是得到校正。斯大林不需裁决就可最终确定谁是拥有权力的官僚者，也就是说能确定谁应该被称为"执政的无产者"或"日本天皇和华尔街雇佣的叛徒"。官僚制度的原子只能在斯大林个人身上寻得其权利的共同本质。斯大林就是这个世界的君主，他以这种方法自命为绝对的人，在这个人的意识中，就不存在其他更高的精神。"世界的君主拥有对世界是什么的真实意识——有效性的普遍威力——就在它施行的毁灭暴力中，以对抗与它形成对比主体的**自我**。"他既是确定统治场地的强权，也是"**破坏这个场地的强权**"。

108

当意识形态通过对绝对权力的拥有而成为绝对的意识形态时，当它从一种碎片的知识变成极权的谎言时，历史的思想就被完美地消灭，以至在更为经验的认识层面上，历史本身不能够再存在。极权的官僚社会生存于一种永久的现时中，那里所到来的一切仅仅是为该社会而存在，就像一个可以到达其治安的空间（espace accessible à sa police）。拿破仑所拟定的规划，即"以君主方式引导记忆的能量"，在对过去的持续操纵中找到了它的全面具体化，不仅在意义中，而且还在事实中。但是这种对任何历史现实的解放，其代价却是理性参照的丢失，而这个理性参照对资本主义的**历史**社会来说是不可或缺的。大家知道，变得疯狂的意识形态的科学应用使俄国经济付出了多大的代价，李森科①的骗局就足以证明。管理工业化社会的极权官僚的这种矛盾，夹在理性需求和理性拒绝之间的矛盾，从正常资本主义发展的眼光来看，也构成一种主要的缺陷。官僚制度像资本主义发展一样，不能解决农业的问题，在工业生产中最终也逊色于资本主义发展，因为工业生产是专制计划的生产，它建立在非现实主义和全面谎言的基础之上。

---

　　① 李森科（Trofim Lyssenko，1898—1976，俄语为 Трофим Денисович Лысенко），苏联生物学家、农学家。在斯大林的支持下，他使用政治迫害手段打击学术上的反对者，使他的伪学说成了苏联生物遗传学的主流，并获得乌克兰科学院院士、全苏列宁农业科学院院士的称号。赫鲁晓夫下台后，苏联生物界清除了李森科的学说，史称"李森科事件"，而"李森科主义"一词则成为被意识形态腐化的科学的代名词。

109

　　革命的工人运动，在两次世界大战之间，被斯大林的官僚制度和法西斯极权主义的协同行动所绞杀，而法西斯主义曾经向俄国经验丰富的极权政党借鉴了其组织形式。法西斯主义是对资产阶级经济的极端主义保卫，而这个经济受到经济危机和无产阶级颠覆的威胁，资本主义社会中的**戒严**，即借助它而使社会得到拯救的戒严，赋予自身一种紧急状态的第一理性，让国家大量地干涉国家管理。然而这样一种理性本身就充满了其手段的大量非理性。如果说法西斯主义挺身去保卫已经有点保守（家庭、财产、道德秩序、祖国）的资产阶级意识形态的主要观点，去团结小资产阶级和被危机逼疯的失业者，或对社会主义革命的无能产生失望的人们，从根本上说这并不是它的意识形态所致。它以自己存在的方式展示自己：这是一种**神话**的暴力起义，它要求一个确定的群体去参与，使用的是古老的伪价值（pseudo-valeur）：种族、血统、首领。法西斯主义是**技术上装备精良的仿古主义**。其神话中被分解的代用品（ersatz）在景观语境中被借鉴使用，而这个语境则由更为现代的影响手段和幻想手段构成。因此，法西斯主义是现代景观形成中的一个因素，同样，它在古老工人运动毁灭中的份额，使它成为现代社会的建立性强权之一；但是由于法西斯主义也是维护资本主义秩序的**最昂贵的形式**，它在正常情况下必须远离资本主义国家的重大角色所占据的前台，这个前台已经被这一秩序的更为理性、更为强大的形式所消灭。

110

　　当俄国的官僚制度最终成功地摆脱了阻碍其对经济进行统治的资产阶级所有制的痕迹时，当它成功地发展了经济以便为己所用时，当它在国外被认可为超级大国时，它便想默默地享用自己的世界，消除这个施加在自己身上的任意部分：它开始从根本上谴责斯大林主义。然而这种谴责还是斯大林式的，任意的，不经解释的，而且不断校正的，因为**其根本上的意识形态谎言永远也不会被揭露**。因此，官僚制度既不能够从文化上也不能够从政治上变成自由化，因为它作为阶级的存在依赖于它的意识形态垄断，而这种垄断以其沉重的负担，成为它唯一的所有制名称。当然，意识形态已经失去了其积极肯定的热情，但是从中残存下来的漠然粗俗还具有这种镇压功能，以禁止任何的竞争，俘获思想的总体性。于是，官僚制度与一种再也没有人相信的意识形态相联系。恐怖主义的东西变成了不起眼的东西，然而这种不起眼本身只能通过将它想摆脱的恐怖主义存放于后台才能保持下去。这样，就在官僚制度试图展示其在资本主义场地上的优越性时，却承认自己是资本主义的**穷困亲戚**。正如其真正的历史与其权利相互矛盾那样，正如其粗俗地保持的与其科学抱负相矛盾的无知那样，它试图与资产阶级在富足的商品生产中进行竞赛的规划就受到下述事实的阻碍，即这样一种富足自身就带有**其隐性的意识形态**（idéologie implicite），通常会配备一种对景观进行虚假选择的无限扩展的自由，一种与官僚意识形态不可调和的伪自由（pseudo-liberté）。

111

在发展的这个时刻,官僚制度的意识形态所有制的名称已经在国际范围内崩塌。在国内建立的政权,作为根本上的国际主义模式,必须接受这一点,即这个模式不再能指望在每条国界之外还能维护其谎言的一致性。各国官僚制度所经历的经济的不平衡发展,具有不同的竞争利益,它们已经成功地在单一国家之外拥有了它们的"社会主义",这种经济的不平衡发展,却导致了俄国谎言和中国谎言的公开和完全的冲突。从这一点出发,每个执政的官僚制度,或每个候选执政的极权政党,即斯大林时期在某些国家工人阶级中遗留下来的政党,都必须走自己的道路。那些内部否定表现,随着工人反抗的兴起已经开始展现在世人面前,如东柏林工人以其"冶金者政府"的要求对抗官僚者,并且一度危及匈牙利工人委员会政权,作为对这些否定表现的补充,最终分析表明,对官僚欺骗联盟的世界性解体,是资本主义社会当前发展的最为不利的因素。资产阶级在虚幻地统一对现存秩序的任何否定之时,正在失去客观上支持它的敌手。这样一种景观工作的分工,当轮到其伪革命(pseudo-révolutionnaire)角色也被分裂时,将看到它自身的终结。工人运动分解的景观要素本身也将被分解。

112

列宁主义的幻想不再有其他当前的基础,除了在托洛茨基主义的不同倾向之中,其中无产阶级规划与意识形态等级组织的等同,将从所有结果的经验中毫不动摇地存活下来。分离托洛茨基主义与对当前社会革命批判的距离,也同样会产生一个它在立场方面观察到的可敬距离,这些立场在真正的战斗中消耗殆尽时,就已经成为虚假的立场。直到 1927 年,托洛茨基也基本上与高层官僚保持一致,同时试图抓住这个官僚制度,让其在国外重新采取真正布尔什维克的行动(人们知道在这个时候,为了帮助隐瞒那个"著名的列宁遗嘱",他甚至用诽谤方式去否认其支持者马克斯·伊斯曼①,遗嘱的公开者)。托洛茨基被他自己的基本观点判了死刑,因为在那个时候,当官僚制度在自己的结果中得知,作为国内的反革命阶级,它就该以革命的名义,在国外也要选择真正地充当反革命,**就像在国内那样**。托洛茨基为建立第四国际所进行的后续斗争包含了同样的自相矛盾。他终生拒绝承认在官僚制度中有一个被分离阶级的政权,因为在俄国第二次革命期间,他已经成为布尔什维克组织形式的无条件支持者。卢卡奇在 1923 年指出了在这个形式中最终找到的中介,即理论与实践之间的中介,这时的无产者不再是其组织中所发生事件的"观众",而是有意识地进行了选择并且经历这些事件。卢卡奇将布尔什维克党**所不是的一切**描写成布尔什维克党的真正功绩。虽然卢卡奇从事的是深刻的理论工作,但他还是一个意识形态学家,他以粗糙地外在于无产阶级运动的那个政权的名义说话,相信并且说服人们相信,他自己和他的全部人格都处于这个政权中,就像是处于**他自己的政权**中。而后来的事情则表明,这个政权将以何种方式否认并且取消它的仆人,卢卡奇本人也不断否认自己,让人们较为清晰地看到他将自己认同于什么:他自己的**反面**,以及他在《历史与阶级意识》中所支持的观点的反面。卢卡奇精心核查了评判该世纪所有知识分子的基本规则:他们所**尊重**的东西正好测出他们自己那**可蔑视的**现实。然而列宁在他的活动中却丝毫没有恭维这种幻想,他认为"一个政党不能通过检查其成员来证明在成员的哲学与党的纲领之间是否存在矛盾"。卢卡奇不合时宜地介绍了梦想形象的真正政党,它只有在面

---

① 马克斯·伊斯曼(Max Eastman,1883—1969),美国作家和政治活动家。他早年支持社会主义,20 世纪 20 年代在苏联生活了近两年,见证了托洛茨基和斯大林之间的夺权斗争。

对某件精确而局限的任务时方能一致:夺取国家政权。

113

　　当前托洛茨基主义的新列宁主义幻想,时时刻刻受到现代资本主义社会现实的否定,这个社会既是资产阶级的社会又是官僚制度,因此这种幻想在形式上独立的不发达国家自然会找到一个特殊的应用领域,在这些国家,国家与官僚社会主义的某个变种的幻想,被地方领导阶级有意识地操纵为**经济发展的简单意识形态**。这些阶级的混杂组成或多或少与官僚资产阶级幽灵的上升清晰地相连。它们在现存资本主义政权两极之间的世界范围内的游戏,还有它们的意识形态妥协——尤其是与伊斯兰教——表现了其社会基础的混杂现实,成功地从意识形态社会主义的副产品中去除了任何的严肃成分,而只剩下了治安。某种官僚制度得以形成,为全国斗争和农民的农村起义服务:正如中国那样,这种官僚制度倾向于在一个比 1917 年俄国还要落后的社会中应用斯大林式的工业化模式。一个能够将国家工业化的官僚制度,可以从夺取政权的军事干部的小资产阶级出发而形成,正如埃及的例子所展示的那样。在某些事情上,如阿尔及利亚在独立战争之后,在斗争中组合成准国家领导的官僚制度,也在寻找某种妥协的平衡点,以便与弱小的民族资产阶级团结起来。最后,在黑非洲的前殖民地中,即在公开与西方、美国和欧洲的资产阶级藕断丝连的国家中,正在形成一种资产阶级——更为常见的是部落传统首领的强权——**通过对国家的拥有而形成**:在这些外国帝国主义还是真正的经济主人的国家,到来的是这样的阶段,买办们在出卖本土产品时,会得到本土国家的所有权作为补偿,这个国家在地方群众面前是独立的,而在帝国主义面前并不独立。在这种情况下,这是一个人为的不能积累的资产阶级,一个只会**花钱**的资产阶级,在它获得地方劳动的剩余价值的份额上是这样,在收受其保护国或财团的援助上也是这样。这样的资产阶级无法胜任资产阶级的正常职能，这是显而易见的事，而且在这些阶级面前树立起一种颠覆的模式，即或多或少适合于地方特色的官僚模式，这种模式试图抓住其遗产。但是，一个官僚制度在其基本工业化规划中的成功本身，必然包含其历史性失败的前景：在积累资本的同时，它也在积累无产阶级，在一个无产阶级还不存在的国家，它创造着自己的否定面。

114

在这种复杂而又可怕的发展中，这种将阶级斗争时代带向崭新环境的发展中，工业国家的无产阶级完全失去了对其独立前景的肯定，归根结底是失去了他们的**幻想**，而非他们的存在。无产阶级并没有被取消。它还顽强地存在于现代资本主义的经过强化的异化中：它是劳动者的绝大多数，而劳动者失去了其生命使用的任何权力，而**他们一旦知道了这一点**，就会把自己重新确定为无产阶级，即这个社会中事业的消极面。这个无产阶级在客观上将随着农民阶级的消失运动而得到加强，正像工厂中劳动逻辑的扩展那样，应用于大部分的"服务行业"和脑力劳动职业。**主观上说**，这个无产阶级距离其阶级的实践觉悟还相去甚远，不仅在职员们身上是这样，而且在工人们身上也是这样，工人们看到的仍然是古老政策的无能和欺骗。然而，无产阶级发现自身外化的力量正在协助资本主义社会的持续加强，而且不仅以其劳动的形式，还以工会、政党或国家强权的形式在加强，况且它组建这些机构是为了解放自己，此时，通过具体的历史经验，它也发现自己完全是任何固定外化和任何专业化政权的敌对阶级。它坚持的是**不能给革命之外留下任何东西的革命**，只有现时对过去的持续支配的要求，还有对分离的全面批判。正是在这一点上，无产阶级必须找到其行动中的适合形式。任何对其贫困的数量改善，任何等级融合的幻想，都不能成为医治其不满足的持久良药,因为无产阶级既不能在它所经历的某种特殊不公正中,因此也不能在对某个**特殊不公正的纠正中**,不能在大多数的这些不公正中而真正认识自己,而只能在被抛弃于生活边缘的**绝对不公正**中真正认识自己。

115

新的否定符号并未被人们所理解,而且经过了景观整治的篡改,在经济上最为发达的国家中层出不穷。从这些符号中,人们已经可以得出这样的结论,即一个新的时代已经开启:在工人颠覆的第一次尝试之后,**现在遭遇失败的却是资本主义的富足**。当西方工人的反工会斗争首先遭到工会的镇压时,当青年人的反抗潮流发起第一次不成形的抗议,而且在抗议中对从前的专业化政策、艺术和日常生活的拒绝被立刻引导出来时,这便是新型斗争的两副面孔,而这种自发的斗争会以**犯罪的面貌**出现。这是无产阶级反抗阶级社会的第二次进攻的预兆符号。当这支还处于静止状态的军队的敢死队(entants perdus)重新出现在这个战场上时,这既是另一个战场又是同一个战场,他们将追随一位新的"卢德将军"①,这一次,将军把他们投入摧毁**放任消费的机器**的战斗。

116

"人们最终发现了一种政治形式,在这种形式下劳动的经济解放可

---

① 卢德将军(général Ludd),有时称作卢德上尉,或卢德王,18 世纪末 19 世纪初传说中的英国工人活动家。工业革命时期,机器生产逐渐排斥手工劳动,使大批手工业者破产,工人失业,工资下跌,于是工人们把机器视为贫困的根源。据说卢德王带领工人焚烧棉花仓库,捣毁织布机,以此作为反对企业主、争取改善劳动条件的手段,当时许多社会反抗运动都以卢德将军的名义发布公告或签名,史称"卢德运动"。

以得到实现",在本世纪的革命工人委员会中,它采用了一副清晰的面孔,在委员会中集中了所有的决定和执行功能,并且通过代表的方法互相联合,代表们对基础民众负责,而且可以随时罢免。这些委员会的实际存在还仅仅是一个简短的开端,并且立即遭到反抗,被不同的阶级社会的防卫力量所打败。而在这些力量中,常常必须算上它们自己的虚假觉悟。潘涅柯克①正好强调了这个事实,即工人委员会对某个政权的选择,不能带来解决方案,反而"提出许多问题"。但是这个政权恰恰就是无产阶级的革命问题可以找到其真正解决方案的场所。在这个场所,历史意识的客观条件全部具备。这就实现了**活跃的**直接交际,在这种交际中,专业化、等级化和分离都将结束,而现有的条件被改造成"联合的条件"。在这里,无产阶级的主体可以从反抗凝视的斗争中脱颖而出:它的觉悟已经达到觉悟所给的实践组织水平,因为这个觉悟本身就与历史中的一致干预不可分离。

117

工人委员会的权力应该替代国际范围内任何其他的权力,而在这个权力中,无产阶级的运动便是它自身的产物,这个产物就是生产者自己。生产者对自己来说就是自身的目的。只有这样,对生活的景观否定才会轮到自己被否定。

118

工人委员会的出现,是无产阶级运动在 20 世纪前四分之一时期最

----

① 潘涅柯克(Anton Pannekoek,1873—1960),荷兰天文学家,马克思主义活动家。他主张建立工人委员会的共产主义,对抗列宁的革命观念。

卓著的现实,然而这个现实却未引人注目或乔装得掩人耳目,因为它和运动的其他成分一道消失了,被当时的历史经验所否定和消灭。在无产阶级批判的新时刻,这个结果成为被打败的运动中唯一还没有被打败的一点。历史的意识知道它在委员会中有一席之地,现在可以承认它,不是在倒流物的外围,而是在上升运动的中心。

119

一个革命组织,存在于工人委员会权力之前的组织——它必须在斗争中找到它自己的形式——出于所有这些历史的道理,它已经知道自己**不代表等级**。它只须自我认可为一种相对于**分离的世界**的根本分离。

120

革命的组织是实践理论的一致表达,实践已经进入与实践斗争进行交际的非单向交际,又从实践斗争走向实践理论。革命组织的实践就是推广这些斗争中的交际和一致性。在社会分离处于解体的革命时刻,这个组织作为被分离的组织,必须承认自身的解体。

121

革命的组织只能是对社会的统一批判,也就是说是不向任何形式的被分离政权妥协的批判,在世界任何问题点上都不让步,它是一种全面宣布的批判,以对抗被异化的社会生活的方方面面。在革命组织反抗阶级社会的斗争中，所用的武器无非就是这些战斗员自身的**本质**：革命组织不会在自己身上复制分裂和分等的条件，这些都是统治者社会的条件。它必须时时与占统治地位的景观中的变形做斗争。参与革命组织全面民主的唯一局限，就是全体成员对批判一致性的认可和实际的自动占有，而这种一致性必须在真正的批判理论中得到证明，在批判理论和实践活动之间的关系中得到证明。

122

资本主义异化在各个层面的进一步实现，总是让劳动者越来越难以识别和命名他们的贫困，当把劳动者放到拒绝**贫困的总体性或什么都不做**的交替选择中时，革命的组织就该知道，它不再能够**以被异化的形式去和异化战斗**。

123

无产阶级革命整个被空悬于这种必要性上，即首次出现了这种情况，正是充当人类实践的智力的理论，才应该被广大群众所认可和经历。无产阶级革命要求工人们成为辩证论者，将他们的思想铭刻到实践中；因此无产阶级革命向**没有资格的人们**所要求的，远比资产阶级革命向有资格的人们所要求的要多得多，资产阶级会让有资格的人们去实现理论：因为由部分资产阶级所建立的局部的意识形态觉悟，其基础就是这个社会生活的中心**部分**，即经济，而在这个经济中，资产阶级**已经在执政**。阶级社会发展的本身，直到非生活（non-vie）的景观组织，它引导着革命规划，使之**明显地**成为它**本质上**已经是的东西。

124

革命的理论现在已经是任何革命意识形态的敌人，**而且它也知道这一点。**

第五章

时间与历史

"啊,绅士们! 人生苦短……如果我们活着,我们活着就是要把君王的脑袋踩在脚下。"

莎士比亚(《亨利四世》)

125

人，"这个消极的生灵，他唯一的能耐就**是**消除存在"，他与时间一样。人对自身本性的占有也是他对宇宙展开的把握。"历史本身就是**自然史**的一个真实部分，是自然变成人的一个部分"（马克思）。反过来，这个"自然史"只有通过人类历史的过程才能有其实际的存在，即通过能寻回历史整体的唯一部分而存在，就像一架现代天文望远镜，其探测力可以**在时间中**捕获星云朝向宇宙外围的逃逸。历史总是存在着，但不都是以其历史形式而存在。人类的时间化，正如它通过社会中介所进行的那样，与时间的人类化相等。时间的无意识运动在历史意识中表现出来，并且**变成真实的**存在。

126

真正的历史运动，尽管它**还隐藏着**，起始于"人类真正的自然界"那漫长而不知不觉的形成中，这个本性亦即"诞生于人类历史中的自然界——它就诞生在人类社会的孕育行为中——"但当时掌握某种技术和语言的社会，如果它已经是其自身历史的产物，就只能意识到一个永久的现时。任何局限于古人记忆的知识，它总是由**活人**承载于记忆里。死亡和繁衍都不能理解为时间的法则。时间恒定不变，就像一个封闭的空间。当某个更为复杂的社会成功地意识到时间时，它的工作更像是否定这个时间，因为它在时间中看到的不是一掠而过的事物，而是重新回来的事物。静态的社会（société statique）根据其自然的即时经验去组织时间，参照的是**循环**时间（temps *cyclique*）的模式。

127

　　循环时间在游牧部族的经验中就已经占据主导地位,因为在其迁徙的任何时刻,出现在他们面前的都是同样的状况:黑格尔说"游牧部族的迁徙仅仅是形式上的,因为它局限于同样的空间"。社会在定居于某地时,会通过个性化地点的安置而赋予这个空间某种内容,由此而被封闭在这个定位之内。向这些地点的时间回归,现在成了时间向同一地点的纯粹回归,即同一系列动作的重复而已。从放牧的游牧生活到定居式农业的过渡,这是游手好闲、无所事事的自由的终结,也是辛勤劳作的开始。通常的农业生产方式,由四季的节奏主导着,它是构造完整的循环时间的基础。永久是它**内在的**本质:人世间都是相同物的回归。神话就是保障整个太空秩序的思想的统一建筑,而秩序的中心则是这个社会已经在其边界内真正实现的那个秩序。

128

　　社会对时间的占有,通过人类劳动而进行的人类生产,是在一个分化为阶级的社会中发展的。在循环时间的社会匮乏之上构成的权力,组织社会生产并且占有有限剩余价值的阶级,同样占有了其社会时间组织的**时间剩余价值**(*plus-value temporelle*):只有这个阶级拥有着生者不可逆转的时间。唯一可以存在的财富被集中于权力部门,以便在物质上供奢侈节日开支,在节日中支出的还有对**社会表面历史时间**的挥霍。历史剩余价值的所有者掌握着所经历事件的知识和享受。这个时间,与时间的集体组织相分离的时间,以社会生活基础的重复生产进行主导的时间,在其自身的静态群体之上流逝。这便是冒险与战争的时间，其间循环社会的主人游历自己的个人历史；这也是在与外族群体发生冲突中出现的时间，在社会稳定秩序遭受扰乱时出现的时间。因此，历史突然出现在人们面前，就像一个局外因素，就像他们不想要的东西，而且他们以为躲过了历史的干扰。然而通过这个迂回，又出现了人类的消极**担忧**，这种担忧曾经是已经休眠的整个发展的真正根源。

129

循环时间在其自身中是个没有冲突的时间。但是在时间的童年，冲突就已经就位：历史首先要为成为主人实践活动中的历史而斗争。这个历史在表面上创造了不可逆性；其运动构成了它所竭尽的时间本身，就在循环社会那永不枯竭的时间之内。

130

"冷静的社会"是指那些将其历史部分放到极慢程度的社会；它们将其针对自然与人文环境的对抗，还有它们自身之间的对抗，都维持在永久的平衡中。如果说为此目标建立的形形色色的机构见证了人类本性自行创造的可塑性，这种见证的出现明显只针对外部观察者，针对从历史时间中**回归的**人种学家。在每个这样的社会中，都有一种最终的组织结构在排斥着变化。现有社会实践的绝对因循守旧，还有与之永远等同的所有人类可能性，除去害怕落入无形的兽性之外，已经不再有其他的外部边界。在这里，为了保住人性，人类必须保持同样的人类。

131

政治权力的诞生，它似乎与技术的最近几次伟大革命相联系，如铸铁技术就处在一个时代的初期，这个时代直到工业的出现，才不再经历深层的动荡。政权的诞生也是开始分解血缘关系的时刻，从那里起，代代相传的连续走出了纯粹自然循环的领域（sphère du pur cyclique naturel），成为一种被引导的事件，即权力的继承。不可逆的时间是现在统治世界的时间，而改朝换代只是其第一个尺度。文字则是它的武器。在文字中，语言达到其意识中介的完全独立现实。但是这种独立又与被分离权力的普遍独立性相同，充当组成社会的中介。随着文字的发明，出现了一种不再依赖生者的直接关系去承载和传播的意识：**一种非人称的记忆**（*mémoire impersonnelle*），这便是社会管理的记忆。"文稿是国家的思想；档案是国家的记忆"（诺瓦利斯①）。

132

编年史是政权的不可逆时间（temps irréversible）的表达，也是维持这个时间从其前期轨迹出发向着唯意志进展的工具，因为这种对时间的引导，都会与每个特殊权力的力量一起崩溃；它会落入农民大众所经历的唯一循环时间的漠然遗忘，而农民大众在帝国及其年表的崩塌中却岿然不动。**历史的持有者**给时间设置了**一个方向**：一个方向同样也是一个意义。但是这个历史却在一旁展开和消亡；它让深层的社会永

---

① 诺瓦利斯（Novalis，原名 Frederich Leopold，1772—1801），德国浪漫主义诗人，作品有诗歌《夜之赞歌》《圣歌》和长篇小说《海因里希·冯·奥弗特丁根》等。

恒不变,因为它恰恰就是从共同现实中分离出来的东西。这就是为什么东方帝国史对我们来说等同于宗教史:这些沦为废墟的年表不过留下段历史,它表面上独立于包装年表的幻想。那些掌握**历史私有制**的主人,在神话的保护下,首先以幻想的方式去掌握私有制:在中国和在埃及一样,他们长期以来垄断着灵魂的不朽;正如他们得到承认的早期王朝,是对过去时间的想象式改造。但是主人的这种幻想式拥有,在这个时刻,也是对共同历史和他们自身历史的可能的全部拥有。他们实际历史权力的扩大与幻想神话式拥有的普及齐头并进。这一切都来自这个简单的事实,即主人只有在这种尺度下才能挑起重担,以神话方式去保障循环时间的永久性,正如在中国皇帝的季节性祭祀仪式中所展示的那样,他们自己可以从循环时间中得到相对的解放。

<h1 style="text-align:center">133</h1>

当神化的权力那干涩无味而又不做解释的年表向其奴仆说话时,它只想按神话中在人间执行神灵命令的方式被人理解,要克服这种年表的缺陷,使之成为有意识的历史,就必须让对历史的真正参与为扩大的团体所经历。那些已经**被认可**为某个特殊现时的掌握者,那些已经证明了其活动事件的品质财富和他们生活的地点——他们的时代——的人,从他们的实践交际中诞生出历史交际的普通语言。对有些人来说,不可逆的时间曾经存在过,他们从中同时发现了**值得纪念之物和遗忘的威胁**:"哈利卡纳苏斯的希罗多德①在此介绍了他的调查结果,以便让时间不至于废除人类的功绩……"

---

① 希罗多德(Hérodote d'Halicarnasse,约前484—约前420),史称哈利卡纳苏斯的希罗多德,古希腊历史学家、西方"史学之父"。其著作《历史》记录旅行见闻和第一波斯帝国的历史,为西方文学史上第一部完整流传下来的史学散文作品。

134

关于历史的论证与**关于权力的论证**不能分开。古希腊就是这个时刻,那时的权力和变化可以进行讨论,也得到人们的理解,那是社会的**主人民主**(*démocratie des maîtres*)。那里是专制国家所经历状况的反面,专制的权力从来就只跟自己算账,处于其最集中点的不可企及的黑暗中:通过**宫廷革命**,而成功或是失败同样都不容讨论。不过,希腊共同体分享的权力也只是在对社会生活的**耗费**中才能存在,而社会生活的生产在奴隶阶级中却是分离的和静态的。只有不劳动的人们在生活着。在希腊共同体的分裂中,还有在经营外国城邦的斗争中,在国内建立每个城邦的分离原则得到外化。希腊曾经梦想过统一的历史,但在外来入侵时却不能团结一致,甚至不能统一它各个独立城邦的历法。在希腊,历史的时间变成了有意识的历史,但还没有意识到时间本身。

135

在希腊共同体所经历的地区性有利条件消失之后,西方历史思想的后退并没有伴随着一种古老神话组织的重构。在地中海各民族的冲突中,在古罗马国家的形成和消亡中,出现了一些**半历史的宗教**,它们成为时间新意识的基本因素,也是分离权力的新型铠甲。

136

那些一神教是神话与历史之间的妥协,是仍然主导着生产的循环时间和不可逆时间之间的妥协,而众多民族还在不可逆时间中相互冲突和相互组合。从犹太教中派生出来的宗教,就是对不可逆时间的普遍抽象的认识,这个不可逆时间被民主化,向大众开放,但还是处在虚幻中。时间被整个地导向唯一的终结事件:"上帝的王国为期不远。"这些宗教诞生于历史的土壤,并且在那里扎根。但它们再次与历史维持着绝对对立的关系。半历史的宗教在时间中建立了一个品质出发点,如基督的诞生、穆罕默德的逃亡(fuite)等,但它的不可逆时间——引导一种实际的积累,在伊斯兰教中可以充当一次征战的形象,或在改革后的基督教中代表资本增长的形象——事实上在宗教思想中已经反转,就像一种**倒计时**:在不断减少的时间中,期待到达另一个真正的世界,期待最后的审判。永恒出自循环的时间。永恒是时间的彼世。永恒是降低时间不可逆性的要素,在历史本身中消除历史,像一个纯粹准时的要素,在时间已经回归和自行消除的地方,将自己摆放到**不可逆时间的另一面**。博须埃①还会这样说:"通过正在流逝的时间,我们将进入不再流逝的永恒。"

137

中世纪,这个没有完成的神秘世界,曾经有过超越自身的完美,它是这么一个时刻,这里的循环时间,即还在调节着生产的主要部分的时间,真正受到历史的蚕食。某种不可逆的时间性从个人认可走向众人认可,就在生命年代的连续中,在被看作**旅行**的生命中,成为一种永不回头的过渡,走向一个其意义落在他处的世界:**朝圣者**是那个走出循环时间的人,以便成为那个真正的旅行者,而每个人都像是他的符号。个

----

① 博须埃(Jacques-Bénigne Bossuet,1627—1704),法国作家、莫城主教和神学家,著有《哲学入门》《世界史叙说》等。

人的历史生命,在权力的领域内,在参与权力引导的斗争中,在为争夺权力而进行的斗争中,总能找到自身的实现;然而权力的不可逆时间却被无穷无尽地分享,在基督教纪元的引导时间的普遍统一下,在一个**被强化的信任**的世界中,主人的游戏围绕着忠诚和对应有忠诚的质疑而展开。这个封建社会,它诞生于两者的相遇,一是"征战军队的组织结构,正如它在征战中所发展的那样",二是"在被征服国家得到的生产力"(《德意志意识形态》)——还必须算上这些生产力组织中人们的宗教语言——这个封建社会将社会统治分割于教会与国家权力之间,而国家权力又细分在隶属于领地和城镇的复杂君臣关系中。在这种可能的历史生活的多样性中,那个无意识地带走深层社会的不可逆时间,那个资产阶级在商品生产中、在都市的建立和扩展中、在全球商业的发现——永远毁灭任何宇宙神秘组织的实践试验——中,慢慢显示为时代的未知劳动,而这个世界的正式的伟大历史事业,随着十字军东征的失败而化为尘埃。

138

到中世纪衰落之时,蔓延社会的不可逆时间,通过与旧秩序相连的意识,以死亡萦绕的形式为人们所感知。这就是对某个世界解体的忧郁,在这个最后世界中,神话的安全感还能够平衡历史,而对于这种忧郁而言,尘世的任何事物只是走向它的衰败。欧洲农民的伟大起义也成为他们**回应历史**的尝试,将他们从封建监护所保障的家族沉睡中唤醒。这是**天堂在尘世实现**的千年梦想,这里来到前台的便是半历史宗教起源的东西。正如犹太救世主信仰,即针对当时动乱和灾难的回应,当来自这一信仰的基督教群体期待上帝天国即刻实现时,便给古代社会添加了一份担忧和颠覆的因素。基督教的到来就是为了分割帝国中的权力,恰似一种简单的迷信,及时地否定了这个希望所剩余的念想：这便是奥古斯丁①教所肯定的意义，也是现代意识形态所有奖状的原型，而根据这种意识形态，根深蒂固的教会很久以来就已经是这个人们所说的王国。至福千年说的农民阶级的社会反抗，自然会首先定义为摧毁教会的一种意志。但是至福千年说是在历史世界中展开的，而不是在神话的土地上。情况不像诺曼·科恩②在《追寻至福千年》中想展示的那样，是一些现代的革命希望，是至福千年说宗教狂热的非理性残余。相反，倒是至福千年说，即最后一次说着宗教语言的革命阶级的斗争，它才是一种现代的革命倾向，不过还缺乏一种**仅仅作为历史的意识**。至福千年说的信徒们大概都会失败，因为他们不能将革命认可为他们自己的行动。他们要等待上帝决定的外部信号方能行动的事实，就解译了思想中的一种实践，这种实践中的起义农民追随的是他们之外的首领。农民阶级不能准确意识到社会的运转，也不能意识到它进行斗争的方法：正是因为在它的行动中，在它表达其计划的意识中，还缺乏统一性的这些条件，所以它进行战争所依据的是人间天堂的图像集。

139

对历史生活的新的拥有，在古代中找到过去和权利的文艺复兴，其中就承载着与永久性的快乐决裂。它那不可逆的时间就是知识无穷积累的时间，而出自民主共同体经验并且毁灭它们的力量的历史意识，根据马基雅维里③的观点，会重新采纳关于去神圣化权力的论证，即说出

---

① 奥古斯丁（Augustin d'Hippone，拉丁语为 Aurelius Augustinus，354—430），也称圣奥古斯丁（Saint Augustin），古罗马哲学家、基督教神学家，著有《上帝之城》《论三位一体》《忏悔录》等。

② 诺曼·科恩（Norman Cohn，1915—2007），英国史学家，著有《追寻至福千年》（*La Poursuite du Millénium*）等。

③ 马基雅维里（Nicolas Machiavel，1469—1527），意大利哲学家、政治理论家，著有《君主论》《战争艺术》等。

国家的不可说物。在意大利城邦的丰富生活中,在节庆的艺术中,生活被体验为对时间流逝的一种享受。但是这种对时间流逝的享受本身也该是过眼云烟。洛伦佐·德·美第奇①的歌,被伯克哈特②看作"文艺复兴的真正精神"的写照,是这个历史的脆弱节日给自己唱出的颂歌:"它真美啊,青春——流逝得这么快。"

140

绝对君主制国家对历史生活的垄断的持久运动,是通向资产阶级完全统治的过渡形式,它让资产阶级的新型不可逆时间在真相中显示它究竟是什么。与资产阶级相连的正是这个**劳动的时间**(*temps du travail*),即首次脱离了循环的时间。随着资产阶级的出现,劳动变成了**改造历史条件的劳动**。资产阶级是第一个认为劳动是一种价值的统治阶级。况且资产阶级取消了任何特权,不承认任何不是出自对劳动进行剥削的价值,它恰好将自己作为统治阶级的特有价值认定为劳动,将劳动的进步变成它自身的进步。积累商品和资本的阶级,通过改变劳动本身,通过释放其生产率,持续改变着大自然。整个社会生活已经集中于皇宫的装饰贫乏中,是突出于"国王职业"中的冷酷的国家管理饰物,而任何特殊的历史自由都该认可它的失败。封建主那不可逆时间游戏的自由渐渐消耗在他们最后的失败战争中,如

---

① 洛伦佐·德·美第奇(Laurent de Medicis,意大利语为 Lorenzo di Piero de' Medici,1449—1492),意大利佛罗伦萨政治家,文艺复兴时期佛罗伦萨共和国的实际统治者。
② 伯克哈特(Jacob Burckhardt,1818—1897),瑞士史学家、艺术史学家,著有《意大利文艺复兴文明》等。

投石党运动①的战争或苏格兰支持查理·爱德华②的起义。世界已经彻底改变。

141

资产阶级的胜利是**深度历史**时间（temps *profondément historique*）的胜利，因为它是持久和彻底地改造社会的经济生产的时间。农业生产作为主要劳动能持续多久，驻留在社会深处的循环时间就将对**传统**联合力量供养多久，而这些力量将阻止运动的发展。但是资产阶级经济的不可逆时间将在世界的所有广度上清除这些残余。到目前为止显示的历史，作为统治阶级个人唯一运动的历史，因此也是被写成事件的历史，它现在已经被理解成**普遍的运动**，而在这个严酷的运动中，所有个人都做出了牺牲。在政治经济学中发现其基础的历史，它现在知道曾经存在过的无意识是什么，不过，这个历史还是一个无意识，还不能使它大白于天下。正是这个盲目的史前史（préhistoire aveugle），这个无人驾驭的新宿命，商品经济将它民主化。

142

在整个社会深层中存在的历史，渐渐倾向于消失在表面。不可逆时间的胜利也是它走向**事物时间**（*temps des choses*）的变形，因为它胜

---

① 投石党运动（la Fronde，1648—1653），西法战争（1635—1659）期间发生在法国的反对专制王权的政治运动。

② 查理·爱德华（Charles Edouard，1720—1788），英国斯图亚特王子。其祖父于1688年失去王位，爱德华于1743年被立为摄政王储，曾经组织过苏格兰起义，试图恢复斯图亚特家族的王位。

利的武器恰恰就是物品的系列生产(production en série des objets)，依照的是商品的法则。因此经济发展使之从奢侈稀有品走向日常消费的主要产品就是**历史**，但它仅仅是作为事物抽象运动(mouvement abstrait)的历史，而这一抽象运动则主宰着对生活的任何数量使用。从前的循环时间曾经支撑着个人和团体所经历的历史时间的不断增长部分，而对生产的不可逆时间的统治将倾向于从社会角度消除这个经历的时间。

143

这样，资产阶级让社会经历并且强加给它一个不可逆的历史时间，但是又拒绝让它**使用**这个时间。"以前是有历史的，现在再也没有历史了"，因为经济的拥有者阶级不能与**经济史**相决裂，必须压制任何其他对时间的不可逆使用，把它当作一种即时的危险。统治阶级，它由**拥有物品的专家**即他们自己组成，鉴于此，对物品的拥有必须将其命运与对这个物化历史(histoire réifiée)的维护联系起来，与**历史中**新的静止的持久性联系起来。作为社会基础的劳动者，他在物质上第一次不再是**历史的陌生客**，因为正是现在，社会通过其基础以不可逆的方式运动起来。在**经历**它所创造的历史时间的要求中，无产阶级找到了其革命规划的简单而又难忘的中心；直到现在，这个规划的实现尝试屡遭失败，但每次尝试都标志着新历史生活的可能出发点。

144

作为权力主人的资产阶级的不可逆时间,首先以其自己的名字呈现出来,作为一个绝对的起源,如共和元年①。但是,普遍自由的革命意识形态,即曾经打倒价值神话组织的最后残余的意识形态,还有管理社会的任何传统规定,已经让人们看到一种真正的意志,一种披着古罗马特色外衣的意志:普及化的**贸易自由**。商品社会发现自己应该重建一种被动性,它必须从根本上动摇这个被动性,以便建立自己纯粹的统治,它"在基督教中,在对抽象的人的崇拜中,找到……最合适的宗教补充"(《资本论》)。于是,资产阶级便与这个宗教达成了一种妥协,这种妥协也表现在时间的表达中:放弃它自己的历法,其不可逆时间又重新回来,浇铸到它延续的基督教纪元中。

145

伴随着资本主义的发展,不可逆时间得到**世界性的统一**。世界的历史已经变成一个现实,因为全世界都集合在这个时间的进展中。但是这个处处相同的历史,仍然还是历史的历史内拒绝(refus intra-historique)。这是经济生产的时间,是切割成等份的抽象碎片时间,它表现在整个地球上,就像是**同一天**。统一的不可逆时间就是**全球市场**的时间,当然也是世界景观(spectacle mondial)的时间。

---

① 共和元年(L'an I de la République),法国共和历的纪年,相当于公元1792年9月22日—1993年9月21日。法国大革命后颁布了新的历法,以公元1792年9月22日起为共和元年元月元日,1806年拿破仑废止共和历,恢复格列高利历。

146

生产的不可逆时间首先就是商品的尺度。因此，在整个世界范围内正式确定的**社会普通时间**，因为它只是意味着组成该时间的特定利益，所以它也**只能是个特殊的时间**。

第六章

景观的时间

"我们没有任何属于我们的东西，而只有时间，甚至那些无家可归的人也可享用。"

巴尔塔沙·葛拉西安①（《智慧书》）

---

① 巴尔塔沙·葛拉西安（Baltasar Gracián，1601—1658），西班牙耶稣会作家，著有《智慧书》《批评家》等。

147

生产的时间，商品时间，它是等值间隔的无限积累。这是不可逆时间的抽象，其所有片段都必须在计时器上证明它唯一的数量等同。这个时间在整个的实际现实中，就是处于其**可交换**特点中的时间。正是在对商品时间的社会统治中，"时间就是一切，人不算什么；人至多不过是时间的体现"（《哲学的贫困》）。这是个贬值的时间，是作为"人类发展领域"的时间的彻底倒置。

148

人类非发展（non-développement）的普通时间也以**可消费时间**的补充面貌出现，而可消费时间可以从这个确定的生产出发，作为**伪循环时间**（*temps pseudo-cyclique*）返回社会的日常生活。

149

伪循环时间实际上不过是生产的商品时间的**可消费伪装**（*déguisement consommable*）。它包括了这种时间的主要特点，即可交换的同质单位和品质维度（dimension qualitative）的取消。但由于它是商品时间的副产品，旨在让具体的日常生活变得迟钝——并且保持这种迟钝——那么商品时间中就得承载虚假的评价，并且显示为一系列虚假的个性化时刻。

150

　　伪循环时间就是现代经济存活的消费时间,是增益的存活,其中的日常经历将失去决定权,不再服从于自然的秩序,而是屈服于异化劳动(travail aliéné)中发达的伪自然(pseudo-nature)。于是,这个时间**自然而然**会找到古老的循环节奏,由它去调节前工业社会的存活。伪循环时间既从循环时间的自然踪迹中获得支撑,又构成了循环时间的新的同类组合:白昼与黑夜、工作与周末、假期的回归等。

151

　　伪循环时间是一种被**工业改造过的**时间。在商品生产中具有其基础的时间,它本身就是一件可消费的商品,这个商品在古老统一社会的解体阶段,集合了过去在私人生活、经济生活和政治生活中显示出的一切。现代社会的全部可消费时间,都被当作新产品的原料来处理,而多种多样的新产品自立于市场,充当着社会中组织的时间使用。"已经以某种形式存在的产品,专门用于消费的某个产品,当然也轮到它成为另一个产品的原料"(《资本论》)。

152

　　在其最为先进的部门中,集中的资本主义朝着出售"装备完善"的时间整块的方向发展,每个时间整块组成一个唯一的统一商品,但它也集成了一定数量的不同商品。正是这样,在扩张性经济中,出现了"服务业"和休闲行业,"全部总结算"的付款方式,面向美观的住所、假期的集体虚假旅行、文化消费的预订,还有"激情交谈"和"名人约会"等社会交往的销售。这种景观的商品,显然只能盛行于相应现实不断出现匮乏的情况中,也明显展现于销售现代化的领先用品中,如使用分期付款等。

153

可消费的伪循环时间是景观的时间,它既充当狭义上的图像消费（consommation des images）的时间,也充当其整体扩展中时间的消费图像。图像消费的时间,即所有商品的媒介,它不可分离地是景观工具完全运转于其中的领域,也是景观工具所呈现的目的,充当着所有个人消费的地点和中心形象;众所周知,现代社会持续追求的时间收益——不管是运输的速度或是袋装汤料的使用——对美国民众来说都有积极的解译,原因在于仅是对电视的凝视,每天就平均花去他们三到六小时时间。时间消费的社会形象,就它而言,一律被休闲和假期的时刻所占据,是一些表现为**远距离**的时刻,预设为可欲望的时刻,与任何的景观商品无异。这个商品在这里明显表现为真实生活的时刻,只须等待它的循环回归。但是就在这些指派给生活的同样时间里,还是景观在自行展现,在自行复制,达到一个更密集的程度。那个被表现为真实生活的东西,却仅仅显示为更加**真实的景观**生活。

154

这个时代基本上将自己的时间自我展示为各种节日活动的匆忙回归,其实它也是一个没有节日的时代。在循环时间中曾经是某群体参与生活的昂贵耗费的时刻,对没有群体和没有奢侈的社会来说,是个不可能的时刻。那些普及的虚假节日,即对话和赠予的戏仿,当它们刺激着过度的经济支出时,给人们带来的也只有失望,并且期待着新失望的补偿。现代存活的时间,应该在景观中更加高调地自我吹嘘,因为它的使用价值已经缩水。时间的现实已经被时间的**广告**所代替。

155

古代社会的循环时间的消费与这些社会的真实劳动协调一致,而发达经济的伪循环消费则与其生产的抽象的不可逆时间相矛盾。循环时间是静止的幻想的时间,真正地体验的时间,而景观的时间则是正在变化的现实的时间,虚幻地体验的时间。

156

物品生产过程中总是新鲜的东西在消费中并不存在,消费仍然是同一物品的扩展性回归。因为死亡的劳动继续统治着活着的劳动,在景观的时间中,过去支配现在。

157

作为普通历史生活缺陷的另一方面,个人生活还没有历史。景观戏剧中的那些匆匆忙忙的伪事件,并不被知晓事件的人们所经历;此外,这些事件随着景观机器的每次推动,会迷失于其急速代替的膨胀中。另一方面,真正被体验的东西与社会正式的不可逆时间没有关系,倒是与这个时间的可消费副产品的伪循环直接对立。这个被分离的日常生活的个人体验，没有语言，没有概念，没有到达其自身过去的关键途径，这个过去没有寄存于任何地方。这个体验并不交流。它不被人们理解，而是被人们遗忘，以利于不可纪念物的虚假的景观记忆。

158

景观，作为现存的社会组织，是历史和记忆瘫痪的组织，是对在历史时间基础上树立起来的历史的放弃，它是**时间的虚假意识**（*fausse conscience du temps*）。

159

为把劳动者引向商品时间的"自由"生产者和消费者的身份，先决条件就是对**他们时间的暴力征用**（*expropriation violente de leur temps*）。只有从这个对生产者的初次剥夺出发，时间的景观回归才成为可能。

160

劳动中现存的不可避免的部分，在对清醒与睡眠的自然循环的依赖中，也在个人消耗生命的不可逆时间的明晰中，以现代生产的眼光来看仅仅是个**辅助部分**。就这样，这些要素在发自生产运动的正式宣告中，并且在可以解译这个不断胜利的可消费战利品中为人们所忽略。由于被固定在其世界运动的造假的中心，因此景观的意识在其生活中就不再经历一个通向其实现和死亡的过渡。放弃消耗其生命的人就不应该再承认自己的死亡。人寿的保险广告仅仅暗示了这一点,即在人死了这个经济损失之后,却没有保证制度的规范,这是犯罪行为;而美国式死亡(american way of death)的规范就是要强调一种能力,即在这种遭遇中尽可能地维护其生命的**外表部分**。在广告轰炸前线的剩余部分,几乎禁止所有人变老。问题是要在每个人身上保养一种"青春资本",即使这个资本被少量地使用,也不应该试图获取金融资本那可持续的积累性现实。这种死亡的社会缺席与生命的社会缺席完全一样。

161

时间是**必需的**异化,正如黑格尔所展示的那样,在这个时间环境中,主体通过自我迷失而达到自我实现,通过变成他样而成为其自身的真理。但是它的反面恰恰是主导的异化,即陌生现时(*présent étranger*)的生产者所经历的异化。在这个**空间异化**(*aliénation spatiale*)中,从根部将主体与从主体那里窃取的活动分离开来的社会,它首先将主体与其自身时间分离开来。可克服的社会异化恰恰就是这种异化,它禁止并且石化了时间中**鲜活**异化的可能性和风险。

162

在被凝视的伪循环时间那不起眼的表面上,一些显见的**方式**自我消除和自我组合,当今时代的**伟大风格**以这些方式,总是处于革命的既清晰而又隐秘的必要性所引导的事物之中。

163

时间的自然基础,即时间流逝的感性资料,通过**为人**存在而变成人和社会的东西。这是人类实践的局限状态,是不同阶段的劳动,此时将时间既人性化又非人性化,使之成为循环的时间,经济生产的被分离的不可逆时间。无阶级社会的革命规划,普及的历史生活的革命规划,就是时间的社会尺度减弱的规划,这有利于个人和团体的不可逆时间的游戏模式,在这个模式中,同时出现了一些**联合的独立时间**。这是在时间环境中共产主义总体实现的规划,而共产主义将消除"不依赖个人而存在的一切"。

164

世界已经拥有某个时间的梦想,它现在必须拥有对时间的意识,以便真正地体验这个时间。

第七章

领土治理

"而谁变成了习惯于自由生活的某个城邦的君主,都丝毫不毁灭这个城邦,他希望被这个城邦所毁灭,因为城邦在其叛乱中总是有个庇护所,即自由的名字和它古老的习俗,而不管是经历漫长的时间还是为了任何恩惠,这些习俗都永远不会被忘记。不管人们做什么事情,也不管人们向城邦提供什么,充其量只能从城邦中驱逐事物或驱散居民,而居民将丝毫不会忘记这个名字,也不会忘记这些习俗……"

马基雅维里(《君主论》)

165

资本主义生产统一了空间，这个空间不再受到外部社会的局限。这种统一同时也是一个扩张和强化的**大众化**过程。为市场的抽象空间而成批生产的商品的积累，必须打破所有地方性的合法壁垒，还要清除中世纪保障手工业生产**质量**的所有行会限制，这个积累也必须分解不同地点的独立性和质量。这个同质化的强权是个庞大的炮兵阵地，足以摧毁所有的中国长城。

166

正是为了变得跟自己更加相同，为了尽可能地接近静止的单调，**商品的自由空间**从今以后才需要时时更新和重建。

167

这个消除地理距离的社会，却在内部收集着距离，把它当作景观的分离。

168

作为商品流通的副产品，人类的流动被看作一种消费，即旅游业。它从根本上可归结为一种休闲，去看看那些变得平凡的东西。对所走访的不同地点的经济治理，它自身就已经是这些地点的**等价**的保证。从旅行中抽取时间的同一个现代化，也从时间中抽取空间的现实。

169

塑造自己整个周围环境的社会也建立起专门的技术机制，以便营造这个任务整体的具体基础：它真正的领地。城市规划就是通过资本主义对自然和人文环境的拥有，而顺其逻辑发展成绝对统治的资本主义，现在能够也必须重新构建空间的整体，把它当作**自己真正的背景**。

170

在都市规划中得到满足的资本主义需求，作为生活的可见的冰冻期，可以表达为——借用黑格尔的术语——绝对的优势地位，即"空间的平静共处"相对于"时间持续中不安定未来"的优势地位。

171

如果说资本主义经济的所有技术力量都应该被理解为实施分离，那么在城市规划的情况下，人们与之打交道的是对技术力量普通基础的装备，是对适合于展开技术力量的土地处理，是对**分离技术**的开发。

172

　　城市规划就是捍卫阶级权力的不间断任务的现代实现：将劳动者维持在原子化状态，因为都市生产条件将他们危险地**集中**在一起。为对抗这种可能遭遇的各个方面而进行的不懈斗争，将在城市规划中找到其特有的领域。所有已建政权的努力，从法国大革命的经验开始，为了增加维持街道秩序的手段，最终都在取消街道的努力中到达顶点。"随着远距离大众交际手段的出现，人口的隔离显示为一个更为有效的控制手段"，刘易斯·芒福德①在《城市发展史》中见证并描绘了一个"从今以后处于单行道的世界"。然而隔离的普通运动，即城市规划的现实，也应该包括一种有控制的劳动者的重新融入，并且依据生产和消费的可规划需求。融入体系的工作必须重新抓住被隔离的个人，把他们当作**整体隔离**的个人：无论是工厂或文化之家，还是度假村庄或"住宅楼群"，都为了这种伪集体（pseudo-collectivité）的目的而专门组织起来，这种伪集体也在**家庭细胞**中陪伴着被隔离的个人：景观信息接收机的普遍使用，使得个人隔离充满了主导的图像，而仅仅通过这种隔离，这些图像便获得其全部的威力。

173

　　一座新的建筑，在从前任何时代都是用来满足统治阶级的需要，如今却直接保留给**穷人**，这是第一次。这种新型的住宅经历表现出的形

---

　　①　刘易斯·芒福德（Lewis Mumford，1895—1990），美国史学家，主要从事科学技术史和城市规划史研究，著有《城市文化》《城市发展史》《技术与文明》等。

式贫困和巨大扩张,整体上来自它的**群众**特点,这种特点既出自住宅的用途,也出自现代的建筑条件。**权威的决定**,即在抽象的土地上抽象地治理领土的决定,它显然位于现代建筑条件的中心。同样的建筑出现在所有地方,在那里开始了这方面落后的国家的工业化,像是适合某种新的社会生存类型的土地,必须在那里站稳脚跟。就像在热核武器或出生率问题上那样清晰——已经达到某种操纵遗传的可能程度——在社会的物质权力增长中已经跨越的门槛,还有该权力的有意识统治的**落后**,都展开在城市规划中。

174

当前时刻已经就是都市环境自我毁灭的时刻。都市面向堆满"都市废料的无形大块"(刘易斯·芒福德)的乡村的爆炸,呈现出紧迫方式,并且由消费的迫切需要引领着。汽车是商品富足第一阶段的领先产品,汽车的专政以高速公路的统治铭刻于土地上,拆散了从前的中心,指挥着更加严重的分散。同时,都市网络那未完成重组的时刻,也暂时向"销售工厂"集中,这就是那些建设在光秃秃土地上并且坐落于停车场基座上的庞大**超级市场**。这些快速消费的神庙,它们本身也在离心的运动中向外逃逸,随着它们重新变成超负荷的次要中心,离心运动将再次推动它们,因为它们带来一种都市圈的部分重组。但是消费的技术组织仅仅处于普通解体的首位,而这种解体将导致都市**去自己消费自己**。

175

经济的历史,完全围绕都市和乡村的对立而发展的历史,它已经到达了同时消除两极的成功阶段。全部历史发展的当今**瘫痪**,唯一有利于追求经济独立运动的瘫痪,它让都市和乡村开始消失的时刻成为它们同时崩塌的时刻,而不是对它们分裂的**超越**。都市和乡村的互相消耗,它是历史运动的缺陷的产物,而通过这个运动,现有都市的现实问题可能被克服,这种互相消耗显示在其被分解元素的那个电力混合中,覆盖了工业化中最为先进的区域。

176

世界的历史诞生于都市,它在都市对乡村的决定性胜利时刻变得尤为重要。马克思将下列事实看作资产阶级革命的最大功绩之一:"它让乡村从属于都市",都市**空气给人自由**。但是,如果说都市的历史就是自由的历史,它也曾经是专制的历史,是控制乡村和都市本身的国家行政管理史。都市还只能是历史自由的斗争场地,而不是对自由的拥有。都市是**历史的环境**,因为它是社会权力的集中,使历史的事业成为可能,而且也是昔日的意识。现今对都市的清算倾向,也只是用另一种方式来表达一种落后状况,即经济对历史意识的服从,重获权力的社会统一,因为权力已经与社会脱离。

177

"而在乡村则是完全相反的情况:隔绝和分散"(《德意志意识形态》)。毁灭都市的城市规划重构了一个**伪乡村**(*pseudo-campagne*),在这个虚假乡村中,失去的既有古老乡村的自然关系,也有直接的社会关系,还有被直接质疑的历史都市的社会关系。这是一个新的人造农民阶级,它是由居住和景观控制的条件在现有"被治理土地"上重新创造的阶级:空间的分散和受局限的观念,这些都时时阻碍着农民阶级去从事独立的活动,去显示为历史的创造力量。这些问题重新变成了生产者的特征——他们自己制造的一个世界的运动,这个运动与农业社会的自然劳作节奏相比,完全超出了他们自身能力的范围。然而这个农民阶级,这个"东方专制主义"的不可动摇的基础,其分散性本身召唤着官僚制度的集中,当它表现为现代国家官僚制度的壮大条件的产物时,它的**麻木**现在大概已经**历史地得以铸就**和维持;自然的无知让位于错误的有组织景观。技术的伪农民阶级的"新型都市"在土地上清晰地刻下了与历史时间的断裂,而新型都市就建造在这个历史时间之上;它们的座右铭可能是这样:"就在这里,永远也不会发生什么,也**从来没有什么在此发生过**。"这显然是因为需要在都市中提交的历史还没有被交付,因为**历史缺席**(*absence historique*)的力量开始构建都市的独特风景。

178

威胁这个衰落世界的历史,也是能够使空间服从于所经历时间的力量。无产阶级革命就是这个**人类地理的批判**,通过这个批判,个体和群体就有必要建造一些景点和事件,它们不仅要对应于对其劳动的占有,而且还要对应于对其全部历史的占有。在游戏的这个流动空间中,在对游戏规则自由选择的不同变种中,地点的独立性可以重新获得,不需要向土地重新注入专有的依恋,并借此来重现旅行的现实,以及生活的现实,生活被理解为一次旅行,而旅行自身具有完全的意义。

179

有关城市规划的最伟大的革命思想,本身并不是都市的、技术的或美学的思想。它是完整地重建领土的决定,依据的是劳动者委员会的权力的需要、无产阶级**反国家专政**的需要、执行性对话的需要。而委员会的权力,它只有在改造了全部现有条件时才真正有效,倘若要在它的世界中被人们认可,并且**自己认可自己**,就不能给自己指定任何使命。

第八章

文化中的否定与消费

"我们能够活着看到一场政治革命吗？**我们**,这些德
国人的同代人？我的朋友,您相信您所想要的……当我
根据现有的历史去评判德国时,您就不会反对我的这个
看法,即它的整个历史都是伪造的,而它现有的整个公共
生活并不代表人民的真实状况。读一读您愿意读的报
纸,您能相信人们在不断地——您会向我承认新闻检查
不能阻止任何人中断——庆祝我们所拥有的自由和国家
幸福……"

卢格①(《致马克思的信》,1843 年 3 月)

①　卢格(Arnold Ruge,1802—1880),德国政治思想家、青年黑格尔派成员、资产
阶级激进民主主义者。他与费尔巴哈、马克思、恩格斯、施蒂纳和巴枯宁等交往甚密、
主要从事黑格尔哲学思想的普及工作。作品有《阿尔诺德·卢格文集》《我们的制度》
《过去的时代》等。

180

在分化为阶级的社会中,文化属于知识的普通领域,也是表达生活体验的领域。这就是说它是这个存在**于边缘**的普及的权力,作为脑力劳动的分工和分工的脑力劳动。文化自行脱离神话社会的统一性,"当统一的力量从人的生活中消失,当对立已经失去了它们的活的关系和相互作用,并正在赢得独立性时……"(《关于费希特和谢林哲学体系的区别》①)。在取得其独立之前,文化开始了一个致富的帝国主义运动,这一运动同时也是文化独立性的衰落。创造了文化的相对自主性的历史,还有关于这个自主性的意识形态幻想,也表达为文化的历史。文化的整个征战史可以理解为针对其不足的革命史,理解为通向其自行消亡的长征。文化是追寻失去的统一性的场所。在这个对统一性的追寻中,作为被分离领域的文化,将被迫否定自身。

181

传统与革新的斗争,是历史社会的文化内在发展的原则,这个斗争只有通过革新的持续胜利才能继续下去。然而文化中的革新只能靠总体历史的运动而非他物来承载,历史运动通过对其总体性的意识,向着超越其自身文化预先假设的方向发展,走向任何分离的消除。

---

① 《关于费希特和谢林哲学体系的区别》,黑格尔著,德语原文标题为 *Differenz des Fichte'schen und Schelling'schen Systems der Philosophie*,法译为 *Différence des systèmes philosophiques de Fichte et de Schelling*。

182

　　社会知识的飞跃,包括了对充当文化中心的历史的理解,这个飞跃本身具有一种没有回归的认识,通过毁灭上帝而表达的认识。但是这个"任何批判的首要条件",也是一种无限批判的首要义务。在任何行为准则都不能再坚持的地方,文化的每个**结果**都会让文化迈向它的解体。就像那时获得其完全自主的哲学那样,任何变成自主的学科都必须倒塌,首先是作为合理解释社会总体性的主张,最终是作为在其边界内可使用的碎片式工具。被分离文化的**理性缺失**是判处文化趋于消失的要素,因为在文化中,理性的胜利就已经像一个要求那样存在着。

183

　　文化来自分解旧世界生活类型的历史,但是作为被分离的领域,它仍然只是智力和感性的交际,两者**在部分历史的**社会中还停留在部分的状态。文化是一个太不明理的世界的意义。

184

　　文化历史的终结通过两个对立的方面来展示:文化在总体历史中的超越规划,还有景观凝视中把文化当作死亡物品进行维护的组织。其中一个运动将其命运与社会批判联系在一起,另一个则将其命运与阶级权力的保卫联系在一起。

185

文化终结的两个方面，每个方面都以统一的方法存在着，在认识的所有方面是这样，在感性表现的所有方面——在**艺术**的最普遍意义上也是这样。在第一种情况下，与之对立的有变得不可使用的断片式知识的积累，因为对现有条件的**赞同**最终必须**放弃它的知识**，还有实践理论，它独自掌握着所有知识的真理，也独自掌握着知识使用的秘密。在第二种情况下，与之对立的是社会的老式**共同语言**的关键性自我毁灭，以及商业景观中语言的人工重组，即对无生活经历的虚幻表现。

186

在失去神话社会的群体之时，社会也该失去某种真正共同语言的所有参照，直到无活动的群体解体能够被克服时为止，通过到达真正的历史群体来克服这个解体。艺术，它就是社会无活动的共同语言，一旦构成现代意义上的独立艺术，当它从其宗教的第一世界中脱颖而出，而且变成被分离作品的个人生产时，就会像个别情况那样经历一个运动，即统治被分离的文化整体历史的运动。艺术的独立肯定便是它解体的开始。

187

交际语言已经失去这个事实，这就是任何艺术的现代分解运动所**积极地**表达的意思，即它的形式消灭所表达的意思。而这个运动**消极**

地表达的意思,就是另一个事实,即某个共同语言必须被找到——不是在单边的结论中寻找,因为单边结论对历史社会的艺术来说**总是来得太晚**,没有真正的对话就向**其他人**解说生活经历究竟是什么,而且接受这个生活的缺陷——但是必须在实践中找到,实践在自己身上集合了直接的行动及其语言。问题在于要真正地拥有对话的群体和与时间的游戏,这些都曾经通过诗歌艺术作品得以**表现**。

188

当变得独立的艺术用鲜艳的颜色表现它的世界时,生命的某个时刻已经老去,这个时刻不会因鲜艳颜色而返回青春。它只能让人们在记忆中回顾。艺术的伟大只有在生命陨落时才开始显示。

189

侵入艺术的历史时间首先表达在艺术领域内,从**巴洛克艺术**开始。巴洛克艺术是一个丢失了其中心的世界的艺术:中世纪所认可的最后的神话秩序,在宇宙和人世管理中——基督教世界的统一和某个帝国的幽灵——已经倒塌。**变化的艺术**应该在自己身上承载它在世界中发现的短暂原则。欧亨尼奥·多尔斯①说,他选择了"生活而不是永久"。戏剧与节日,戏剧的节日,是巴洛克成就的全盛时刻,在这个成就中,任何特殊的艺术表达,只有在参照某个建筑地点的布景时才有其意义,参照一个对表达来说应该是统一中心的建筑;而这个中心就是**过渡**,它被

---

① 欧亨尼奥·多尔斯(Eugenio d'Ors, 1881—1954),西班牙作家、艺术批评家和哲学家,著有《戈雅的艺术》《毕加索》《今日意大利绘画》《论巴洛克风格》等。

当作受威胁的平衡刻写在一切事物的动态无序中。巴洛克观念在当代美学争论中获得的意义,有时有点过分夸大,却表达了对艺术古典主义的不可能性的觉悟:为标准的古典主义或新古典主义而做的努力,近三个世纪以来,仅仅是一些短暂的人造建筑,说的是国家之外的语言,是绝对君主制或披着古罗马外衣的革命资产阶级的语言。从浪漫主义到立体派,说到底总是一个否定的更为个性化的艺术,时时都在自行更新,直到艺术领域的完成的分散与否定为止,而艺术领域则一直跟随着巴洛克艺术的普通进程。历史的艺术与某个精英的内部交际相关,它那半独立的社会基础就在部分的游戏条件中,即最后的贵族阶级所经历的游戏条件,历史艺术的消失也表达了这个事实,即资本主义经历过早期的阶级权力,该权力承认自己缺乏任何的本体论品质,而该阶级的权力根源在它对经济的简单管理中,同样也是任何人类**控制**的失败。巴洛克艺术的整体,对艺术**创作**来说,其本身长期以来就是一个失败的统一,而如今却以某种方式,在对过去艺术总体的当前**消费**中找到了位置。过去的整个艺术是以回溯方式构成的世界艺术,对它的历史性认识和认可使它变得更为相对,成为一种总体的无序,这种无序又会组成一个更为高级的巴洛克建筑,而巴洛克艺术的生产本身和它所有重新出现的事物都会崩塌在这个建筑中。所有文明和所有时代的艺术,首次可以得到整体上的全部认识和认可。这是艺术史上的一次"回忆的保存",在成为可能之中,它也将是**艺术世界的终结**。正是在这个博物馆的时代,当任何艺术交际都不复存在时,艺术的所有古老时刻才可以被一视同仁地接受,因为其中的任何时刻,在**一般**交际条件当今丢失的情况下,都不再遭受特殊交际条件的丢失所造成的损害。

190

　　艺术在其解体时代,作为在一个历史尚未被经历的历史社会中追求艺术超越的否定运动,既是一个改变事物的艺术,也是不可能改变的纯粹表达。它的要求越是宏大,它的真正实现就越是超出其能力之外。这个艺术必然是**先锋的**,但是它又**不存在**。它的先锋就是它的消亡。

191

　　达达主义和超现实主义是标志着现代艺术终结的两个思潮。它们仅以相对有意识的方式,成为无产阶级革命运动最后大进攻的同代思潮;而这一运动的失败,使它们封闭于它们曾经宣布过衰落的艺术领域本身中,更是它们无所作为的根本原因。达达主义和超现实主义在历史上既相互联系又相互对立。这种对立对哪一方来说,都构成了其贡献中最有影响又最绝对的部分,而在这种对立中,它们双方中的每一方都出现了其内部批判的不足。达达主义想**以不实现艺术的方式去消灭艺术**,而超现实主义则想**以不消灭艺术的方式去实现艺术**。从那以后,**情境主义者**(*situationnistes*)制订的批判立场则展示,艺术的消灭与实现是同一**艺术超越**的不可分离的两方面。

192

　　保留着古老的冰冻文化的景观消费,包括它所回收的消极表现的重复,在其文化方面,公开成为它总体性中隐性的存在:**不可交际物的**

交际。语言的极端毁灭可以在其中被平淡地认可为一种正式的积极价值,因为问题在于要显示一种与事物主导状态的调和,而在事物主导状态中,任何交际都应以快乐的方式宣布它的缺席。作为诗歌与现代艺术真实生活的这种毁灭的批判真理,明显被掩盖了起来,因为景观具有**让人们在文化中忘记历史**的功能,它在其现代主义手段的伪新生事物(pseudo-nouveauté)中执行着从深处构建景观的真正战略。这样就能够自我奉献一个创新,成就一个新文学流派,这个文学流派会简单地接受一个事实,即为文章而凝视文章。此外,在简单地宣布可交际物解体的足够美丽时,景观文化最为现代的趋势——与社会普通组织压抑的实践联系最为紧密的趋势——借助"整体研究成果",试图从分解的元素出发,重新组成一个复杂的新艺术的环境,尤其是在将艺术碎片或美学技术混杂物融入城市规划的研究。这就是在景观的伪文化(pseudo-culture)层面上,对发达资本主义的普通规划的解译,而发达资本主义旨在重新抓住碎片化的劳动者,把他当作"完全融合于团体的人物",这是最近美国社会学家们所描述的趋势(理斯曼①、怀特②等)。到处都是这个**无群体重组**的同样规划。

193

　　完全成为商品的文化,也应该成为景观社会的明星商品。克拉

---

① 大卫·理斯曼(David Riesman,1909—2002),美国社会学家,著有《孤独的人群》《重新审视的个人主义》《学术革命》等。

② 威廉·富特·怀特(William Foote Whyte,1914—2000),美国人种学家、都市社会学家,美国艺术和科学研究院院士,著作有《街角社会》《参与的观察家》《拉丁美洲美国企业中人的问题》《组织行为:理论与应用》等。

克·克尔①是这种趋势的最先进的思想家之一,他计算出**知识**的生产、销售和消费的复杂过程,每年在美国已经囤积了 29% 的国民产值;他还预计在本世纪后半叶,文化在经济发展中大概会扮演推动力的角色,在本世纪前半叶是汽车的发展,而在上世纪后半叶则是铁路的大发展。

194

全部的知识,作为**景观的思想**而仍在不断发展的知识,必须证明一个无证明的社会,必须组成一门虚假意识的普通科学。这门科学完全取决于一个事实,即它在景观体系中既不能够也不愿意思考自己的物质基础。

195

关于表象的社会组织的思想,本身就被它所捍卫的普及的**交际不足**(*sous-communication*)弄得模糊不清。它不知道冲突是其世界所有事物的起源。景观权力是其无答复语言体系中的绝对权力,景观权力的专家们完全被自己的蔑视和蔑视成功的经验所迷惑,因为他们的蔑视得到**可蔑视之人**的认识的确认,这个可蔑视之人实际上就是观众。

---

① 克拉克·克尔(Clark Kerr,1911—2003),美国经济学教授、高等教育家,曾任加州大学伯克利分校的首任校长,后又出任加利福尼亚大学第 12 任校长(1958—1967)。著有《高等教育不能回避历史:21 世纪的问题》《大学之用》等。

196

　　在景观体系的专业化思想中，随着这个体系的改进本身带来的新问题，进行着一种任务的新分工：一方面，**景观的景观批判**由研究分离的现代社会学来进行，唯一借助的就是分离的观念工具和物质工具；另一方面，**景观的辩护**由非思想（non-pensée）的思想组成，由历史实践的**有名份的遗忘**（*oubli attitré*）组成，在结构主义扎根的不同学科中都是这样。不过，体系的非辩证批判的虚假失望和体系的纯粹广告的虚假乐观，作为服从的思想都是一路货色。

197

　　社会学首先在美国开始了一场讨论，讨论由当今发展所带来的生存状况，而如果说它曾经能够带来许多的经验资料，却一点也不了解其自身目标的真理，因为它不能在该目标中找到其内在的批判。因此，这种社会学的诚实的改良主义倾向只能依赖于道德和情理，依赖于完全没有适时性和尺度的召唤。这样一种批判方式，因为它不知道否定性是其世界的中心，就知道强调对一种消极剩余的描写，它觉得这种消极剩余以可悲的方式在表面上阻碍着批判，就像一种非理性寄生物的无限增生。这个愤怒的善良意志，即使是它应该的那样，能指责的也只是体系外部的后果，它以为自己具有批判性，却忘记自己的预先假设和方法主要以**辩护**为特点。

198

揭露经济富足社会中鼓励浪费的荒诞或危险的那些人,不知道浪费用来做什么。他们以经济理性的名义,不知感恩地谴责这些称职而又非理性的卫士,没有这些卫士,这个经济理性的权力将彻底垮台。例如布尔斯廷①,他在《图像》一书中描写了美国景观的商业消费,但从来都不触及景观的概念,因为他以为可以让私人生活或"正直商品"的概念处于这个灾难性夸大之外。他并不明白商品自身就已经制订了法则,而法则的"正直"执行既要提供私人生活的清晰现实,又要借助图像的社会消费提供对商品的后续收复。

199

布尔斯廷描写了一个世界的过度放纵,这个世界对我们来说变得很陌生,正如放纵对我们这个世界来说很陌生一样。然而,当作者以心理学和道德评判的术语,将图像的表面统治形容为"我们过度抱负"的产品时,他所隐性参照的社会生活其"正常"基础就没有任何现实,既不存在于其书中,也不存在于他那个时代中。这是因为布尔斯廷所说的人类的真正生活,对他来说是处于过去中的事情,也包括宗教服从的过去,还因为他不能理解图像社会的整个深度。这个社会的**真理**无非就是对这个社会的**否定**。

---

① 布尔斯廷(Daniel J. Boorstin,1914—2004),美国历史学家和法学家,著有《图像》《发现者》《美国人》等。

200

社会学认为能够从社会生活的整体中隔离出单独运转的工业理性，也能够做到从总体的工业运动中隔离出再生产和传输的技术。正因为这样，布尔斯廷找到了他所描述的结果的原因，即不幸而又几乎偶然的相遇，这是一个过分巨大的图像传播机制和一个过分巨大的人类诱导机制之间的相遇，这一诱导将我们当代人类引向伪轰动效应（pseudo-sensationnel）。因此，景观大概应归咎于这个事实，即现代人是个过分的观众。布尔斯廷并不理解这一点，即他所揭露的预制"伪事件"的不断增生来自这个简单的事实：在当前社会生活的庞大现实中，人们并不去亲自经历事件。这是因为历史本身像个幽灵在萦绕着现代社会，而且人们可以找到构建于生命消费所有层面的伪历史（pseudo-histoire），以便保护受到当今**凝固时间**威胁的平衡。

201

对历史凝固时间的某个短暂时期最终稳定性的肯定，是当今趋势的不可否定的基础，无论是无意识地还是有意识地宣布，这个趋势正朝着**结构主义**系统化的方向发展。结构主义反历史思想所持有的观点，就是某个系统永久在场的观点，这是一个从来没有被创造也永远不会终结的系统。语言学和人种学（甚至对资本主义运转的分析）所设计的结构模式**在这种状况下已经被过度地理解**，某个无意识预先结构对任何社会实践实施专政的梦想，能够从这些模式中被过度抽离出来，其简单原因就是，一个很快得到满足的大学**中等职员**的思想，全部深入对现有体系的美妙赞扬的思想，会平淡无奇地将任何现实带向体系的存在。

202

正如在任何历史社会科学中那样，要理解"结构主义"类别，就必须时时保持这种看法，即类别表达着存在形式和存在条件。正如人们不能根据某个人对自身的看法而评价他的价值那样，不能通过将社会对自身所说的语言当作无可争辩的真理那样去评价——和欣赏——这个特定的社会。"人们不能根据时代所具有的相关意识去评价这些改造的时代；恰恰相反，应该借助物质生活的矛盾去解释意识……"结构是现有权力的女儿。结构主义是**国家保障的思想**，它将景观"交际"的现有条件设想为一个绝对物。它在代码中研究信息代码的方法不过是某个社会的产品，也是对这个社会的承认，这个社会中的交际以等级信号串联的形式存在着。结果不是结构主义被用来证明景观社会的跨历史效力，相反倒是景观社会自行强加的庞大现实，被用来证明结构主义那冰冷的梦想。

203

景观的关键概念大概也可以被普及为某种任意的表述，一种社会学和政治学修辞的空洞表述，以便抽象地去解释和揭露一切，也因此服务于对景观体系的保卫。因为显而易见，任何思想都不能通向现有景观之外，而只能通向关于景观的现有思想之外。要真正地摧毁景观社会，就必须有将实践力量付诸行动的人们。景观的批判理论要成为真正的理论，就只能与社会中否定的实践思潮保持一致，而这个否定，即革命的阶级斗争的重启，它将通过发展景观批判而意识到自己的存在。景观批判是景观的真正条件的理论，是当代压迫的实践条件的理论，它从反面揭示它可能成为什么的秘密。这个理论并不从工人阶级那里期待什么奇迹。它考虑着无产阶级要求的新表达式和实现方式,把它们当作长期的任务。为了人为地区分理论斗争和实践斗争——因为在此处定义的基础上,这样一种理论的组成本身和交流,在无**严格的实践**时都已经不能设想——可以肯定的是,批判理论那昏暗而又困难的行进,也必须是作用于社会范围内的实践运动的份额。

204

批判理论应该在其特有的语言中**进行交流**。这是矛盾的语言,在其形式和内容上都必须是辩证的。它既是总体的批判,也是历史的批判。它并不是一个"写作的零度",而是写作的颠覆。它不是对风格的否定,而是否定的风格。

205

在其风格本身中,辩证理论的展示就是一个丑闻和一种可憎之物,依据的是主导语言的规则,还有这些规则培养出来的情趣,因为在现存概念的肯定使用中,这种语言同时包含了一种理解,即重新找回的概念**流动**的理解,还有概念必须毁灭的理解。

206

这种风格包含着其特有的批判,它必须表达当今批判对**其整个过去**的统治。通过这种风格,辩证理论的展示方式将证明其理论中存在的否定精神。"真理不像一个产品,在其中不能再找到工具的痕迹"(黑格尔)。运动的这个理论意识,在其中运动的轨迹本身必须在场,它通过对概念之间建立的关系的**颠倒**表现出来,通过对前期批判的所有成果的**异轨**(*détournement*)表现出来。所有格(le génitif)的颠倒就是这种历史革命的表达方式,这种被限定在思想形式中的表达,被人们视作黑格尔的警句风格。青年马克思根据费尔巴哈的系统用法,主张用谓语去替代主语,他对这种**反叛风格**的使用恰到好处,这种风格从贫困的哲学中抽离出哲学的贫困。异轨将过去的批判结论带向颠覆,因为这些结论已经僵化为可尊敬的真理,也就是说转变为谎言。克尔凯郭尔①就已经故意地使用过,还加上了他自己的谴责:"但是不管怎样游历和迁回,正如果酱总是要回到食品柜一样,你最终还是会向其中加入一小句话,这句话不是你的,却通过它所唤醒的记忆而让人忐忑不安"(《哲学碎片》)。正是与造假成正式真理的东西保持**距离**的义务确定了这种异轨的使用。克尔恺郭尔在同一本书中承认:"还要指出一点,你针对我的怨言有许多暗示,说我将怨言与借用的话混在一起。在这里我不否认,我也不再掩饰这是故意为之,而且在本书后续章节中,如果我还继续写下去,我有意用其真正的名字来命名物品,用历史的服装来装扮问题。"

207

思想在改善。词语的意义参与其中。抄袭是必需的。进步要求这样做。进步紧扣着某作者的句子,使用他的表达,抹去一个虚假思想,用准确的思想取而代之。

---

① 克尔凯郭尔(Søren Aabye Kierkegaard,1813—1855),丹麦哲学家和神学家,他维护基督教,反对黑格尔的理性主义。作品有《诱惑者日记》《哲学碎片》《恐惧与战栗》等。

208

异轨是引用的反面,是时刻做假的理论权威的反面,其唯一原因就是它变成了引用;它是从其语境和运动中抽取的碎片,最终是从作为总体参照的时代中,从引用在参照内部的准确选择中抽取的碎片,而这个参照又是被精确认可的或错误的参照。异轨是反意识形态(anti-idéologie)的畅通语言。它出现在交际中,而交际又知道自己不能指望拥有任何的保证,它自身的保证和最终的保证。它在最高点上,是任何前期和超级批判的参照所不能确认的语言。相反只有它自身的协调,它与自己、与可实践的事实的协调,能够确认它所带来的真理的古老核心。异轨不在任何其他外在事物之上建立自己的事业,而只在作为当今批判的自身真理中。

209

在理论表达式中,公开表现为**被异轨**的事物,通过否认所表达的理论性领域的所有可持续自主,通过**暴力**介入去扰乱和消除任何现有秩序的行动,提醒人们注意,这种理论性的存在在其本身中什么都不是,只有通过历史的行动和**历史的校正**才能被人们认识,而历史的校正才是它真正的忠诚。

210

对文化的真正否定是唯一能保留文化意义的否定。它是再**文化**不过的否定。结果是它以某种方式成了文化层面上的剩余之物，尽管对它的接受很不相同。

211

在矛盾的语言中，文化的批判表现为**统一的**文化：因为它统治着文化的一切——文化知识和它的诗歌——还因为它与社会总体的批判不再分离。正是这个**统一的理论批判**，**它独自前去与统一的社会实践相遇**。

第九章

物质化的意识形态

"自我的意识是**自在**和**自为**①的，当它而且因为它相对于另一个自我意识而言也是自在和自为的；也就是说只有在被当作认可的存在时它才存在。"

黑格尔《《精神现象学》》

---

① 自在(en-soi)和自为(pour-soi)是黑格尔哲学中的两个术语。黑格尔认为，自在和自为是概念的两个阶段，在自为阶段，隐藏在概念中的对立元素开始分化，对立就显示出来。

212

意识形态是一个阶级社会在历史冲突进程中的思想**基础**。意识形态事实从来就不是简单的空想，而是对众多现实的变形的意识，充当着这般的真实因素，这些因素反过来又施行一种真正变形的行动；尤其是意识形态的**物质化**（*matérialisation*），是这种物质化自动化经济生产的具体成功带来的，在景观形式中，它几乎将社会现实和某种意识形态混为一体，这种意识形态能按其模式雕凿整个现实。

213

意识形态是普遍性的**抽象**意志，也是它的幻想，当意识形态在现代社会中通过普遍的抽象和幻想的有效专政而合法化后，它就不再是碎片物的唯意志论的斗争，而是它的胜利。从此，意识形态的抱负获得了一种平淡的实证主义精确性：它不再是一个历史的选择，而是一个明晰的事实。在这样的肯定中，意识形态的特殊**名称**已经消失。真正意识形态的工作为体系服务的那部分，也只能被设想为对一个"认识论基座"的认可，而这个基座则试图到达任何意识形态的彼处。物质化的意识形态本身就没有名称，也没有可宣布的历史纲领。这等于是说**各种意识形态**的历史已经结束。

214

意识形态,即整个内在逻辑将它带向"总体的意识形态",在曼海姆①的意义上,是一种强加的碎片专制,像是一个**全部**僵化的伪知识(pseudo-savoir),**极权的视觉**,它现在已经在非历史(non-histoire)的静止景观中得以完成。它的实现也是它在社会整体中的解体。随着这个社会的**实践解体**,意识形态这个**最后的去理性**(*dernière déraison*)也随之消失,正是这个去理性阻碍着人们到达历史的生活。

215

景观是杰出的意识形态,因为它在其圆满中展示和表现了任何思想体系的本质:对真实生活的穷困化、奴役和否定。景观是物质上的"人与人之间分离和疏远的表达"。在其中集聚的"欺骗的新的**力量**",其基础就在生产中,通过生产,"随着对象的数量的增长,奴役人的异己存在物的新领域也在扩展"。正是这个扩张的最高阶段将需求返回来对抗生活。"因此,对金钱的需求是政治经济学所产生的真正需求,也是它所产生的唯一需求"(《1844 年经济学哲学手稿》)。景观将黑格尔在《耶拿实在哲学》中设想的原则即金钱的原则扩展到整个社会生活;这是"死亡之物的生命,运行于自身的生命"。

---

① 曼海姆(Karl Mannheim,1893—1947),匈牙利裔德国社会学家。作品有《意识形态与乌托邦》《重建时代的人与社会》等。

216

与《关于费尔巴哈的提纲》（超越唯心主义和唯物主义对立的实践中的哲学实现）中总结的规划相反，景观在其宇宙的伪具体物（pseudo-concret）中，既保留又强加了唯物主义和唯心主义意识形态的特征。古老的唯物主义的凝视方面，将世界设想成一种表现，而不是一种活动——最终将物质唯心化——这个凝视将在景观中实现，而景观中的具体事物自动就成为社会生活的主人。反之亦然，唯心主义所**梦想的活动**也会在景观中实现，它将借助符号和信号的中介——最终将抽象的理想物质化。

217

加贝尔[①]（《虚假的意识》）所建立的意识形态和精神分裂症之间的比较，应该适用于这个意识形态物质化的经济进程。意识形态曾经是的样子，社会将变成这个样子。实践的剥离，还有陪伴它的反辩证的虚假意识，这就是时时强加给屈服于景观的日常生活的东西；应该将这个理解为一种"相遇能力缺陷"的系统组织，理解为一种**社会虚幻事实**对它的替代：相遇的虚假意识，"相遇的幻觉"。在一个没有人能被其他人**认可**的社会中，每个个体都变得不能认可他自己的现实。意识形态当家做主；分离建造了它的世界。

---

　　① 加贝尔（Joseph Gabel，1912—2004），法国社会学家、哲学家，代表作为《虚假的意识》(*La Fausse Conscience*)。

218

加贝尔说，"在精神分裂症的临床病历中，总体性辩证法的衰落（其极端形式是解体）和变化的辩证法的衰落（其极端形式是紧张症）似乎相互关联着"。景观意识，它是一个被压扁的世界的囚徒，这个世界被景观的**银幕**限制住，而在这个银幕的后面，它自己的生命被流放，景观意识也只能看到一些**虚构的对话者**，他们单方面地用其商品和商品的政治去维持这个意识。景观，在它的整个广度上，是它的"镜像符号"。这里上演的是普及性孤独症的虚假出口。

219

景观，它是自我与世界的边界的消除，通过世界的在场和不在场对自我进行挤压，它也是真实与虚假的边界的消除，通过表象组织所保障的虚假的**真实在场**，对所经历的任何真理进行压抑。因此被动地忍受其日常陌生命运的人，将被推向一种虚幻地作用于这个命运的疯狂，借助于一些神奇的技术。对商品的认可和消费位于这个伪答案（pseudo-réponse）的中心，而这种伪答案属于无答案交际。消费者感受到的模仿需求恰恰就是儿童的需求，受其基本剥夺的所有方面的影响。根据加贝尔应用于完全另一种病理学层面的术语，"表现的非正常需求会在此补偿某个折磨人的情感，即觉得自己处于存在的边缘"。

220

如果说虚假意识的逻辑不能真正地自己认识自己,那么关于景观的批判真理的探索也必须是一个真正的批判。它几乎要在景观的不可调和的敌人中间进行斗争,而且必须接受一点,即这些敌人不到的地方,它也不去。正是主导思想的法则,还有**现时性**的独有观点,才是即时效率的抽象意志所认可的东西,这时候,它冲向了改良主义或伪革命碎片的共同行动的折中。通过这个举动,在试图打击疯狂的立场中,疯狂还是自己重新形成。反过来,超越景观的批判则必须**善于等待**。

221

从颠倒的真理的物质基础中解放出来,这就是我们时代的自我解放所包含的内容。这个"在此岸世界确立真理的历史的任务",无论是隔离的个人,还是屈从于操纵的原子化大众,都不能完成它。还是而且总是那个等级,那个能够表明一切等级解体的等级,它将整个权力带向已经实现的民主的去异化(désaliénante)形式,即委员会。在委员会中,实践的理论自行控制,并且监管自己的行动。只有在那里,个人"与世界历史直接相联系";只有在那里,对话才能武装到位,让人们去征服自己的生存条件。

附录：

《景观社会》中引用和异轨的清单

翻译整理：刘冰菁^①

《景观社会》中有大量的引用（citations）和异轨（détournements），1973 年 1 月，为了方便译者理解和翻译他的作品，德波整理了一份简要的清单。而后，法国法朗多拉出版社（Farândola）和一些德波理论爱好者在这基础上整理提供了更为详细的版本。《景观社会》中译本的这份《〈景观社会〉中引用和异轨的清单》，将他们提供的内容加以翻译与整理，以方便中国读者查阅。

德波他们之所以要大费周章地整理清单，究其原因就在于，不同于"引用"的"异轨"，对读者理解德波的《景观社会》造成了一定的困难。德波和情境主义国际的异轨，是指对各种文本、图像、音轨、电影作品等进行匿名的自由挪用，以此来实现超越资本主义日常生活意识形态统治的真正的交流。早在 20 世纪 50 年代，德波和情境主义国际的成员们就在批判现代艺术的理论研究和实践（电影、漫画、写作等活动）中大

① 刘冰菁，1990 年出生，2012 年本科毕业于南京大学，随后继续在南京大学倾博连读，现为南京大学在读博士生，目前正在巴黎第一大学（先贤祠–索邦大学）进行交流访学。研究方向为法国当代马克思主义哲学。

量使用了异轨,而在《景观社会》中,德波的异轨对象扩展到黑格尔、费尔巴哈、马克思、卢卡奇等人的思想理论。

因而,想真正进入德波的《景观社会》的文本语境,解释这些异轨的来源,成了我们面对的难题之一。只有在细细梳理过德波所掌握和灵活运用的理论文本群之后,才能理解德波分析和批判景观社会的理论前提和言下之意。正如德波自己在《景观社会》里所说的,"异轨不在任何其他外在事物之上建立自己的事业,而只在作为当今批判的自身真理中"①,希望这份清单能够帮助我们更好地理解德波曾经给出的时代真理。

第一章

引语

引用自费尔巴哈的《基督教的本质》1843 年的第二版序言,中译本作:"对于影像胜过实物、副本胜过原本、表象胜过现实、外貌胜过本质的现在这个时代……因为,在现在这个时代,只有幻想才是神圣的,而真理,却反而被认为是非神圣的。是的,在现代人看来,神圣性正随着真理之减少和幻想之增加而上升,从而,在他们看来,幻想之最高级也就是神圣性之最高级。"②

1

"在现代生产条件占统治地位的各个社会中,整个社会生活显示为一种巨大的景观的积累",异轨自马克思的《资本论》:"在现代生产条件

---

① 见本书第 131 页。
② [德]费尔巴哈:《基督教的本质》,荣震华译,商务印书馆,1984 年,第 20 页。

占统治地位的各个社会中,整个社会生活显示为一种巨大的商品的积累。"①

2

"在那里,虚假物已经在自欺欺人。"异轨自黑格尔的《逻辑学》:"真理自我检验。"

"非生者的自主运动",异轨自黑格尔的《耶拿实在哲学》(*First Philosophy of Spirit* [*Jenenser Realphilosophie*, Part I, 1803—1804],尚无中译本)。"金钱是一种以物质形式存在的概念,是所有需要的客体的单一形式或可能性。将需要和工作提升到这种一般性的层面上,就在人们之间形成了一个共同利益和相互依赖的巨大系统,这是死亡之物的生命,运行于自身的生命,它像野兽一般盲目地四处横冲直撞,应时时刻刻对它进行控制和驯服。"

4

"景观并非一个图像集合,而是人与人之间的一种社会关系,通过图像的中介而建立的关系。"异轨自马克思的《资本论》:"资本并非物,而是人与人之间的一种社会关系,通过事物的中介而建立的关系。"②

6

"它既是现存生产方式的结果,也是该生产方式的规划",异轨自科

---

① 马克思《资本论》第一卷中译本作:"资本主义生产方式占统治地位的社会的财富,表现为'庞大的商品堆积'"([德]马克思:《马克思恩格斯全集》第二版第四十四卷,人民出版社,2001年,第47页)。法文的《资本论》将其中的"资本主义"翻译为"现代"(moderne),故而在翻译上显示出了比较大的差异。MEGA德文版中作"kapitalistische"(资本主义)。

② 马克思《资本论》第一卷中译本作:"资本不是一种物,而是一种以物为中介的人和人之间的社会关系。"([德]马克思:《马克思恩格斯全集》第二版第四十四卷,人民出版社,2001年,第877—878页。)

耶夫的《黑格尔导读》：“作为一个等于计划的结果和一个等于结果的计划，一个源于计划的结果和一个源于结果的计划被揭示出来的；总之，实在事物在其辩证的真理中被揭示为一种综合。”①

"它不是现实世界的替补物，即这个世界额外的装饰。"异轨自马克思的《〈黑格尔法哲学批判〉导言》："宗教是这个世界的总理论，是它的包罗万象的纲要，它的具有通俗形式的逻辑，它的唯灵论的荣誉问题，它的狂热，它的道德约束，它的庄严补充"②。

"它是现实社会的非现实主义心脏。"异轨自马克思的《〈黑格尔法哲学批判〉导言》："宗教是被压迫生灵的叹息，是无情世界的心境，正像它是无精神活力的制度的精神一样。"③

7

"分离本身隶属于世界的统一性"，异轨自黑格尔。

8

"这种拆分本身就已经被拆分"，"客观现实在两方面都在场。这般定义的每个概念，其本质就是概念向其反面的过渡"，"这种相互的异化是现存社会的本质和支撑"：皆异轨自黑格尔。

9

"在被真正地颠倒的世界中，真实只是虚假的某个时刻。"异轨自黑格尔的《精神现象学》导言："虚妄的东西也不再是作为虚妄的东西而成

① ［法］科耶夫：《黑格尔导读》，蒋志辉译，译林出版社，2005年，第448页，注释1。
② ［德］马克思：《马克思恩格斯全集》第二版第三卷，人民出版社，2002年，第199页。
③ ［德］马克思：《马克思恩格斯全集》第二版第三卷，人民出版社，2002年，第200页。

为真理的一个环节的。"①

12

"出现的就是好东西,好东西就会出现",异轨自黑格尔《法哲学原理》:"凡是现实的东西都是合乎理性的。"②

13

"它是普照于现代被动性帝国的永远不落的太阳。"对应于西班牙国王卡洛斯一世、神圣罗马帝国皇帝查理五世的"太阳永不落下"。

14

"目的不值一文,发展才是一切。"异轨自爱德华·伯恩斯坦的《进化社会主义:批评和肯定》(*Evolutionary Socialism：A Criticism and Affirmation*)结论章节:"对我来说,一般所说的社会主义的终极目标不值一文,而其运动才是一切。"

17

"一种从存在滑向拥有的明显降级",异轨自马克思的《1844 年经济学哲学手稿》:"一切肉体的和精神的感觉都被这一切感觉的单纯异化即拥有的感觉所代替。"③(18、19 条中关于马克思所说的感觉的社会化,也来自同一段落的"感觉在自己的实践中直接成为理论家"④。)

---

　　① ［德］黑格尔:《精神现象学》上卷,贺麟、王玖兴译,商务印书馆,1981 年,第 26 页。

　　② ［德］黑格尔:《法哲学原理》,范扬、张企泰译,商务印书馆,1961 年,序言第 11 页。

　　③ ［德］马克思:《马克思恩格斯全集》第二版第三卷,人民出版社,2002 年,第 303 页。

　　④ ［德］马克思:《马克思恩格斯全集》第二版第三卷,人民出版社,2002 年,第 304 页。

18

"在现实世界自行变成简单图像的地方，这些简单图像就会变成真实的存在"，异轨自马克思、恩格斯的《神圣家族》："一个人，如果对于他感性世界变成了赤裸裸的观念，那末他就会反过来把赤裸裸的观念变为感性的实物。他想象中的幻影成了有形的实体。"①

19

"景观是西方哲学规划全面虚弱的继承者，这个规划是受观**看**类别支配的对活动的理解"，异轨自荷兰作家约翰·赫伊津哈（Johan Huizinga）的《中世纪的衰落》："衰败的中世纪心性的最基本特征之一是，视觉感受的突出。这一突出与思想的萎缩密切相关，思想带上了视觉图像的形式。"②

"景观并不实现哲学，而是将现实哲学化。"异轨自马克思的《〈黑格尔法哲学批判〉导言》："你们不使哲学成为现实，就不能够消灭哲学。"③

20

"并没有驱散宗教的乌云，人类曾经将从自身分离出的权力托付给宗教：景观技术只是将人类权力与尘世基础联系起来。于是最为尘世的生活就变得格外昏暗和令人窒息。这种生活不再转向天空，而是在自己身上收留着对生活的绝对回避，还有虚假的天堂。景观是将人类权力流放到一个彼世的技术实现；它是人的内心已经完成的分离。"这

---

① ［德］马克思：《马克思恩格斯全集》第一版第二卷，人民出版社，1957年，第235页。

② ［荷］赫伊津哈：《中世纪的衰落》，刘军、舒炜等译，中国美术学院出版社，1997年，第293页。

③ ［德］马克思：《马克思恩格斯全集》第二版第三卷，人民出版社，2002年，第206页。

里几处影射了费尔巴哈的《基督教的本质》中的内容,主要是关于人类的肯定性潜能是如何投射到想象的、宗教的领域之中。

21

"随着必需性在社会上渐渐被人们梦想,梦想就变成必需的东西。"德波称,他是从马克思那里异轨而来的,可能涉及马克思在《资本论》第三卷中区分的必然王国和自由王国。

"景观就是被束缚的现代社会的噩梦,它最终只能表达社会的睡觉欲望。景观是这种睡眠的守护人。"异轨自弗洛伊德的《释梦》:"睡眠的欲望……是形成梦的动机之一"①,"梦是睡眠的保护者而不是睡眠的干扰者"②。

22

"现代社会的实践威力已经从自身中脱离出来,而且在景观中建立起一个独立帝国,这一事实只能用另一事实来加以解释,即这个强大的实践继续缺乏其凝聚性,而且与自身相互矛盾。"异轨自马克思的《关于费尔巴哈的提纲》:"但是,世俗的基础从自身中脱离出来,而且在云霄中确立起一个独立王国,这只能用这个世俗基础的自我分裂和自我矛盾来说明。"③

23

"最为现代的东西也是最为古老的东西。"异轨自马克思的《1857—1858 年经济学手稿》导言:"[有些]规定是最新时代和最古时代共

---

① ［奥］弗洛伊德:《释梦》,孙名之译,商务印书馆,2002 年,第 233 页。
② ［奥］弗洛伊德:《释梦》,孙名之译,商务印书馆,2002 年,第 232 页。
③ ［德］马克思:《马克思恩格斯全集》第一卷,人民出版社,2009 年,第 500 页。

有的。"①

24

"景观关系中纯客观性的拜物教式表象,掩盖了人与人、阶级与阶级之间的关系特征",异轨自卢卡奇的《历史与阶级意识》:"笼罩在资本主义社会一切现象上的拜物教假象成功地掩盖了现实⋯⋯掩盖了它们是人和人之间的关系的范畴这一事实。它们表现为物以及物和物之间的关系。"②

"有个第二自然似乎以其命定的法则统治着我们的环境",异轨自卢卡奇的《历史与阶级意识》:"这是这样一种社会状况:人们在其中一方面日益打碎了、摆脱了、扔掉了纯'自然的'、非理性的和实际存在的桎梏;但另一方面,又同时在这种自己建立的、'自己创造的'现实中,建立了一个包围自己的第二自然,并且以同样无情的规律性和他们相对立,就象从前非理性的自然力量(正确些说:用这种形式表现出来的社会关系)所做的那样。"③

28

"孤独的人群",引用自大卫・理斯曼的作品标题《孤独的人群》。④

29

"在景观中,世界的某个部分自我展现在世界面前,而且要比这个世界更为高级。"异轨自马克思的《关于费尔巴哈的提纲》:"这种学说必

① [德]马克思:《马克思恩格斯全集》第二版第三十卷,人民出版社,1995年,第26页。

② [匈]卢卡奇:《历史与阶级意识:关于马克思主义辩证法的研究》,杜章智译,商务印书馆,1992年,第63—64页。

③ [匈]卢卡奇:《历史与阶级意识:关于马克思主义辩证法的研究》,杜章智译,商务印书馆,1992年,第200页。

④ [美]大卫・理斯曼:《孤独的人群》,王崑译,南京大学出版社,2002年。

然会把社会分成两部分,其中一部分凌驾于社会之上。"①

　　"景观汇合着分离物,但是它把分离物当作分离物进行汇合。"异轨自黑格尔的关于"爱"的残篇:"在爱中分离物当然还存在着,不过不复作为分离物而存在,而是作为统一物而存在"②。参见德波电影《景观社会》(1973)开头献给妻子爱丽丝·贝克-胡(Alice Becker-Ho)的片段。

30

　　"有利于被凝视物体(该物体是观众自身无意识活动的结果)的观众异化可以这样表达:他越是凝视,看到的就越少;他越是接受承认自己处于需求的主导图像中,就越是不能理解自己的存在和自己的欲望。与行动的人相比,景观的外在性显示为这样,即人的自身动作不再属于他,而是属于向他表现动作的另一个人。这就是为什么观众在任何地方都不自在,因为景观到处都在。"异轨自马克思的《1844年经济学哲学手稿》:"它的基本教条是:自我克制,克制生活和克制人的一切需要……你的存在越微不足道,你表现自己的生命越少,你拥有的就越多,你的外化的生命就越大,你的异化本质也积累得越多。"③

30、31、33

　　"有利于被凝视物体(该物体是观众自身无意识活动的结果)的观众异化可以这样表达:他越是凝视,看到的就越少(30)……劳动者自己并不生产自己,而是生产一种独立的威力(31)……尤其是他的生活现

---

　　①　[德]马克思:《马克思恩格斯全集》第一卷,人民出版社,2009年,第500页。

　　②　[德]黑格尔:《黑格尔早期神学著作》,贺麟译,上海人民出版社,2012年,第426页。

　　③　[德]马克思:《1844年经济学哲学手稿》,《马克思恩格斯全集》第二版第三卷,人民出版社,2002年,第342页。

在已经成了他的产品,尤其是他已经与自己的生活相分离(33)",异轨自马克思的《1844 年经济学哲学手稿》:"工人对自己的劳动的产品的关系就是对一个异己的对象的关系。因为根据这个前提,很明显,工人在劳动中耗费的力量越多,他亲手创造出来反对自身的、异己的对象世界的力量就越强大,他自身、他的内部世界就越贫乏,归他所有的东西就越少……这种活动越多,工人就越丧失对象。凡是成为他的劳动的产品的东西,就不再是他自身的东西。因为,这个产品越多,他自身的东西就越少,工人在他的产品中的外化,不仅意味着他的劳动成为对象,成为外部的存在,而且意味着他的劳动作为一种与他相异的东西不依赖于他而在他之外存在,并成为同他对立的独立力量;意味着他给予对象的生命是作为敌对的和相异的东西同他相对立。"①

31

　　"一幅精确覆盖其领土的地图",可能异轨自阿尔弗雷德·科日布斯基(Alfred Korzybski)的"地图不过是领土",也可能是来自豪尔赫·路易斯·博尔赫斯(Jorge Luis Borges)的《科学的严谨》(On Exactitude in Science):"各地图学会就绘制出了一幅跟帝国的疆土一般大小并完全切合的地图"②。

————————

　　① ［德］马克思:《1844 年经济学哲学手稿》,《马克思恩格斯全集》第二版第三卷,人民出版社,2002 年,第 268 页。
　　② ［阿根廷］博尔赫斯:《博尔赫斯全集》(诗歌卷)(上册),林之木、王永年译,浙江文艺出版社,2006 年,第 201 页。

第二章

引语

引用自卢卡奇的《历史与阶级意识》,中译本作:"商品只有在成为整个社会存在的普遍范畴时,才能按其没有被歪曲的本质被理解。只有在这一联系中,由于商品关系而产生的物化才对社会的客观发展和人对社会的态度有决定性的意义,对人的意义屈从于这种物化所表现的形式"①,"随着劳动过程越来越合理化和机械化,工人的活动越来越多地失去自己的主动性,变成一种直观的态度,从而越来越失去意志"②。

35

"景观的这个主要运动,旨在重新抓住存在于人类活动中处于流动状态的所有事物,以便以凝固状态的方式去拥有这些事物,而这些事物通过对其所经历价值的负面表达,已经变成独有的价值。"异轨自马克思的《在〈人民报〉创刊纪念会上的演说》:"那些使资产阶级、贵族和可怜的倒退预言家惊慌失措的现象当中,我们认出了我们的好朋友、好人儿罗宾,这个会迅速刨土的老田鼠、光荣的工兵——革命。"③

"从这个运动中,我们能够辨认出一个宿敌,第一眼看去,它很善于展示某种粗俗的东西,并且似了不言自明,然而它却非常复杂,充满形

---

① [匈]卢卡奇:《历史与阶级意识:关于马克思主义辩证法的研究》,杜章智译,商务印书馆,1992年,第146—147页。

② [匈]卢卡奇:《历史与阶级意识:关于马克思主义辩证法的研究》,杜章智译,商务印书馆,1992年,第151页。

③ [德]马克思:《马克思恩格斯全集》第一版第十二卷,人民出版社,1962年,第4页。

而上学的玄机,这就是商品。"异轨自马克思的《资本论》第一卷:"最初一看,上篇好像是一种简单而平凡的东西。对商品的分析表明,它却是一种很古怪的东西,充满形而上学的微妙和神学的怪诞。"①

36

"可感觉而又超感觉的物",引用自马克思的《资本论》第一卷,中译本作:"可见,商品形式的奥秘不过在于:商品形式在人们面前把人们本身劳动的社会性质反映成劳动产品本身的物的性质,反映成这些物的天然的社会属性,从而把生产者同总劳动的社会关系反映成存在于生产者之外的物与物之间的社会关系。由于这种转换,劳动产品成了商品,成了可感觉而又超感觉的物或社会的物。"②

38

"自身平等,属于数量的范畴",异轨自黑格尔的《百科全书》(*Encyclopédie*)。

40

"人类劳动在其中异化的伪自然,它要求无限期地继续它的服务,而这个只有它自身能够评判和赦免的服务,事实上将得到社会许可的全部力量和规划,同样也能得到服务者。"暗指黑格尔的《精神现象学》中的主奴辩证法内容。

40、44、47

这三条中关于"存活"(survie)的内容,可以深入了解情境主义者关

---

① [德]马克思:《马克思恩格斯全集》第二版第四十四卷,人民出版社,2001年,第88页。

② [德]马克思:《马克思恩格斯全集》第二版第四十四卷,人民出版社,2001年,第89页。

于真实的生活和存活之间的区分,参见鲁尔·瓦纳格姆的《基本的平庸》(Raoul Vaneigem,*Banalités de base*)。另外,这本书可以看作瓦纳格姆的《日常生活的革命》①(*Traité de savoir-vivre à l'usage des jeunes générations*)的原型,它和《景观社会》一起针对同一个社会体系进行了根本而又独特的审查。

41

"就像熟悉之物未必为人所知那样",影射了黑格尔的《精神现象学》导言:"一般说来,熟知的东西所以不是真正知道了的东西,正因为它是熟知的。"②

43

"'政治经济学在无产者身上看到的仅仅是位工人'……但从不考虑'他的休闲,他的人性'",引用自马克思的《1844 年经济学哲学手稿》,中译本作:"国民经济学把无产者……仅仅当作工人来考察。因此,它可以提出这样一个论点:工人完全像每一匹马一样,只应得到维持劳动所必需的东西。国民经济学不考察不劳动时的工人,不把工人作为人来考察"③。

"对人的已经完成的否定",引用自马克思的《1844 年经济学哲学手稿》,中译本作:"以劳动为原则的国民经济学表面上承认人,毋宁说,不过是彻底实现对人的否定而已"④。

---

　　① 　参见[法]鲁尔·瓦纳格姆:《日常生活的革命》,张新木、戴秋霞、王也频译,南京大学出版社,2008 年版。

　　② 　[德]黑格尔:《精神现象学》上卷,贺麟、王玖兴译,商务印书馆,1981 年,第 20页。

　　③ 　[德]马克思:《马克思恩格斯全集》第二版第三卷,人民出版社,2002 年,第232 页。

　　④ 　[德]马克思:《马克思恩格斯全集》第二版第三卷,人民出版社,2002 年,第290 页。

45

"阶段生产线的巨型延伸,即销售大军和今日商品颂歌;这是补充的力量总动员":军事用语。

46

"雇佣兵队长"(condottiere),指文艺复兴时期意大利的雇佣兵队长,他们经常被雇佣去攻打一些小国。

47

"使用价值的倾向性下降",异轨自马克思的《资本论》第三卷第三篇标题:"利润率趋向下降的规律"①。

51

"自治经济的胜利同时也是它的失败。"异轨自马克思的 1843 年 9 月《致阿尔诺德·卢格》:"也就迫使这些人越出自身的范围,因为他们的胜利同时就是他们的失败。"②

52

"在经济本我所在的地方,必须有自我到来。"异轨自弗洛伊德的《自我与本我》:"本我存在的地方,必有自我"③。

---

① [德]马克思:《资本论》第三卷,《马克思恩格斯全集》第二版第四十六卷,人民出版社,2001 年,第 235 页。

② [德]马克思:《马克思恩格斯全集》第二版第四十七卷,人民出版社,2004 年,第 66 页。

③ Sigmund Freud, *Neue Folge der Vorlesungen zur Einführung in die Psychoanalyse*, In: Ders.: *Studienausgabe*, Bd. 1. Fischer Taschenbuch-Verlag, Frankfurt am Main 2000, S. 516. "Woes war, sol Ichwerden".

53

"商品在一个自己创造的世界中自我凝视"，异轨自马克思的《1844年经济学哲学手稿》："在一个他自己创造的世界中直观自身"①。

第三章

引语

引用自《红旗》1964年第16期的《哲学战线上的新论战——关于杨献珍同志的"合二而一"论的讨论报道》，原文作：

"目前，我国哲学战线上，正在开展着一场新的激烈的论战，这就是关于'一分为二'和'合二而一'的论战。

"这是一场坚持唯物辩证法同反对唯物辩证法的斗争，是两种世界观即无产阶级世界观同资产阶级世界观的斗争。主张事物的根本规律是'一分为二'的，站在唯物辩证法一方；主张事物的根本规律是'合二而一'的，站在反唯物辩证法一方。论战的双方阵线分明，针锋相对。这是当前国际国内尖锐复杂的阶级斗争在意识形态上的一种反映。"②

61

"这些令人赞叹的人……他们因下行到最不起眼的个人生活现实之卜向成为伟人"，异轨自黑格尔的《历史哲学》，中译本作："他们之所以为伟大的人物，正因为他们主持了和完成了某种伟大的东西……对

---

① 该文对应国内中文版马克思的《1844年经济学哲学手稿》译本："在他所创造的世界中直观自身。"（［德］马克思：《马克思恩格斯全集》第二版第三卷，人民出版社，2002年，第342页。）

② 《红旗》半月刊1964年第16期，第7页。

症下药适应了时代需要的东西","一切伟大的历史人物……他们可以成为英雄,因为他们……取自那个内在的'精神'"。①

63

"被包围在忧伤和惊恐中,就处在不幸的平静中心。"暗指赫尔曼·梅尔维尔《白鲸记》第八章:"于是这些不可思议的生灵就这样处于一圈又一圈的惊惶恐怖的中心,却自由自在无所畏惧地尽情优游嬉戏,一片太平景象。然而我岂不也是如此,甚至更有过之,在我的内心犹如不时狂风大作的大西洋,但我自己岂不是仍然始终处之泰然,毫不声张;而当种种忧患痛苦犹如一座座大山从四处向我袭来时,我在内心深处依然自我沐浴于永恒的欢乐的春风之中。"②

66

"景观就是这种冲突的史诗曲,任何伊利昂城的陷落都不能撼动它。"暗指荷马的《伊利亚特》。

"景观并不歌颂人类及其武器,而是歌颂商品及其激情",异轨自维吉尔的《埃涅阿斯纪》(*Arma Virunque*)开篇的一句话:"我歌颂的是武器和人类。"③

"正是在这种盲目的斗争中,每件商品依照自己的激情,在无意识中实实在在实现着某种更为高贵的东西",异轨自黑格尔的《历史中的理性》(*La Raison dansl'histoire*,尚无中译本):"它们自己并不自知,是在无意识中实现了,一种更高一级的、更丰富的事物的目的和手段。"

"商品的变成世界,这也是世界的变成商品。"异轨自马克思的《德谟克利特的自然哲学和伊壁鸠鲁的自然哲学的差别》:"世界的哲学化

---

① [德]黑格尔:《历史哲学》,王造时译,上海书店出版社,2001年,第30页。
② [美]梅尔维尔:《白鲸记》,成时译,人民文学出版社,2004年,第404页。
③ 该文对应国内中文版的《埃涅阿斯纪》:"我要说的是战争和一个人的故事。"([古罗马]维吉尔:《埃涅阿斯纪》,译林出版社,1996年,卷一第1页。)

同时也是哲学的世界化。"①

　　"商品的特殊性在战斗中消磨殆尽"，异轨自黑格尔的《历史哲学》："特殊的东西同特殊的东西相互斗争，终于大家都有些损失。"②

67

　　"人们从中可以看到一种神秘放任的表现，即沉迷于对商品的超越。那位收藏刚刚制造并且为收藏而制造的钥匙链的人，他积累着商品的宽容，这是他在其信徒中真实在场的荣耀象征。"基督教用语。这与传统的宗教有关，其中赎罪而取得"宽容"是中世纪天主教会和圣餐礼仪中基督的"真实临在"所宣扬的理念。

71

　　"没有任何东西为它停下；对它来说只有状态是自然的，然而又与其倾向完成相反。"异轨自帕斯卡尔（Blaise Pascal）的《思想录》（Pensées）："我们想抓住某一点把自己固定下来，可是它却荡漾着离开了我们；如果我们追寻它，它就会躲开我们的掌握，滑开我们而逃入于一场永恒的逃遁。没有任何东西可以为我们停留。这种状态对我们既是自然的，但又是最违反我们的心意的"③。

　　①　［德］马克思：《马克思恩格斯全集》第二版第一卷，人民出版社，1995 年，第 76 页。在这里，德波将马克思原来的主动宾结构"世界变成哲学"（le monde devient philosophie）和"哲学变成世界"（la philosophie devient monde）（中译本翻译为"世界的哲学化""哲学的世界化"），通过将动词"devenir"（改变）和名词相连名词化，而改写为"商品的变成世界"（le devenir-monde de la marchandise）和"世界的变成商品"（le devenir-marchandise du monde），以强调这一过程。
　　②　［德］黑格尔：《历史哲学》，王造时译，上海书店出版社，2001 年，第 33 页。
　　③　［法］帕斯卡尔：《思想录》，何兆武译，商务印书馆，1986 年，第 33 页。

第四章

标题

《作为主体与表象的无产阶级》，异轨自叔本华的《作为意志和表象的世界》(*Die Weltals Wille und Vorstellung*)。

引语

"每个人对于财富和享受的平等权利，对任何权威的破除，对任何精神制动的否定，倘若我们下到事物的深处，就是 3 月 18 日起义存在的道理，也是可怕的联盟宪章产生的理由，这个联盟给起义提供了一支军队。"引用自《关于 3 月 18 日起义的议会调查》，法国历史家、法兰西学术院院士马扎德就巴黎公社起义所写的调查报告。

"也是可怕的联盟宪章产生的理由，这个联盟给起义提供了一支军队。"这是对第一国际的夸张表述。

73

"真正的运动，即取消现有条件的运动"，异轨自马克思、恩格斯的《德意志意识形态》："共产主义对我们来说不是应当确立的状况，不是现实应当与之相适应的理想。我们所称为共产主义的是那种消灭现存状况的现实的运动。这个运动的条件是由现有的前提产生的。"[1]

"任何的静态秩序都将变成粉尘"，异轨自马克思和恩格斯的《共产党宣言》："一切等级的和固定的东西都烟消云散了，一切神圣的东西都

---

[1] ［德］马克思：《马克思恩格斯文集》第一卷，人民出版社，2009 年版，第 539 页。

被亵渎了。"①

74

"人们……才能被迫以醒悟的方式考虑他们之间的关系。"异轨自马克思的《共产党宣言》:"人们终于不得不用冷静的眼光来看他们的生活地位、他们的相互关系。"②

"历史时代最新的无意识的形而上视觉",指黑格尔的历史哲学。

76

"不用再阐释世界,而只须阐释对世界的改造",异轨自马克思的《关于费尔巴哈的提纲》:"哲学家们只是用不同的方式解释世界,问题在于改变世界。"③

"这种历史的思想还仅仅是一种意识,一种常常来得太迟的意识,它发布的是一种事后的证明。"暗指黑格尔的《法哲学原理》序言;"关于教导世界应该怎样,也必须略为谈一谈。在这方面,无论如何哲学总是来得太迟。哲学作为有关世界的思想,要直到现实结束其形成过程并完成自身之后,才会出现。"④

"即使作为资产阶级革命的哲学,它也并不表达这场革命的整个过程,而仅仅是革命的最后结论。从这个意义上讲,它不是革命的哲学,而是复辟的哲学","对存在物的颂扬":均引用自卡尔·科尔施的《关于黑格尔和革命的论纲》。⑤

---

① [德]马克思:《马克思恩格斯文集》第二卷,人民出版社,2009 年版,第 34—35 页。
② [德]马克思:《马克思恩格斯文集》第二卷,人民出版社,2009 年版,第 35 页。
③ [德]马克思:《马克思恩格斯全集》第一卷,人民出版社,2009 年版,第 502 页。
④ [德]黑格尔:《法哲学原理》,范扬、张企泰译,商务印书馆 1972 年,序言第 13—14 页。
⑤ Karl Korsch, "Theses on Hegel and Revolution", in Douglas Kellner (ed.), *Karl Korsch: Revolutionary Theory*, University of Texas Press, 1974, p278.

"绝对的主人公,他做了他想做的事,想了他做过的事",异轨自黑格尔的《小逻辑》:"伟大人物曾志其所行,亦曾行其所志。"①

"可能会做出真相判决的唯一法庭也已经休庭。"暗指黑格尔的《法哲学原理》:"在作为世界法庭的世界历史中"②。也可能来自弗里德里希·席勒(Friedrich Schiller)的《忍从》:"最后审判总结一部世界史"③。

77

"这种历史的思想并未被人们忘记。"暗指黑格尔的《哲学史讲演录》:"精神似乎常常忘记了自己,失掉了自己"④。

"对结论的否定",指的是黑格尔的思辨哲学的结论。

"方法",指的是黑格尔的辩证法。

79

"这种历史的自我推测相当错误,以至第一位来到的政治空想家,他似乎找不到比这更好的东西,这种事发生在马克思身上似乎难以理解,因为他在这个时期已经认真研究过经济学。人们真不愿意从中看到一种黑格尔反命题辩证的残余的产物,其实马克思,甚至恩格斯,从来就没能彻底摆脱掉这个反命题辩证。在那些普遍动荡的年代,这对马克思来说是尤其致命的失误。"引用自伯恩施坦的《理论的社会主义和实践的社会民主》(*Socialisme théorique et Social-démocratie pratique*,尚无中译本)。

---

① [德]黑格尔:《小逻辑》,贺麟译,商务印书馆,1996 年,第 294 页。

② [德]黑格尔:《法哲学原理》,范扬、张企泰译,商务印书馆,1972 年,第 351 页。

③ [德]席勒:《席勒文集 1. 诗歌小说卷》,钱春绮、朱雁冰译,人民文学出版社,2005 年,第 29 页。

④ [德]黑格尔:《哲学史讲演录》第四卷,贺麟、王太庆译,商务印书馆,1983 年,第 373—374 页。

80

"通过转移而拯救"引用自卡尔·科尔施的《关于黑格尔和革命的论纲》:"科学社会主义的创立者们为了挽救辩证法思想的高艺术(high art),尝试将其从德国的唯心主义哲学移植到自然和历史的唯物主义概念,从资产阶级革命理论移植到无产阶级的革命理论。这种尝试,在历史和理论上,看起来仅仅是短暂的一步,但其中所实现的,并非在其自身的基础上发展起来的无产阶级革命理论,而是刚刚从资产阶级革命中显露出的无产阶级革命理论。因此,无论是在内容上,还是在方法上,这个理论的各个方面都还带着雅各宾主义的胎记,也就是资产阶级革命理论的印记。"①

"而其历史伤口也没有留下伤疤",异轨自黑格尔的《精神现象学》:"医治精神的创伤,不留丝毫疤痕。"②

"在所有的生产工具中,最伟大的生产力就是革命的阶级本身。"引用自马克思的《哲学的贫困》,中译本作:"在一切生产工具中,最强大的一种生产力是革命阶级本身。"③。

81

"我们仅仅知道一门唯一的科学,即历史的科学。"引用自马克思、恩格斯的《德意志意识形态》。④

---

①　Karl Korsch, "Theses on Hegel and Revolution", in Douglas Kellner (ed.), *Karl Korsch : Revolutionary Theory*, University of Texas Press, 1974, p278.

②　[德]黑格尔:《精神现象学》下卷,贺麟、王玖兴译,商务印书馆,1979 年,第175 页。

③　[德]马克思:《马克思恩格斯文集》第一卷,人民出版社,2009 年版,第 655 页。

④　[德]马克思:《马克思恩格斯文集》第一卷,人民出版社,2009 年版,第 516 页,注释 2。

83

　　"手无寸铁的预言家",来自马基雅维里在《君主论》第六章中对"武装的先知"和"非武装的先知"所做的对比,"手无寸铁的预言家"是他对意大利道明会修士萨佛纳罗拉的评价。① 萨佛纳罗拉,反对文艺复兴艺术和哲学,毁灭被他认为不道德的奢侈品,以严厉的布道著称。而马基雅维里认为,他是因为没有武力装备而无法使人们长期遵守严厉的戒律,最终被异端者推翻。

　　"然而,空想主义者们的科学观念并不扩展到这一认识,即不同社会团体在现存境况中都拥有利益,它们有保持这种境况的力量,而且也具有对应于这般立场的虚假意识的形式。"桑巴特的《19世纪的社会主义和社会运动》(*Socialism and the Social Movement in the Nineteenth Century*)指出:"至于(欧文的)追随者认为,事物现存的秩序只不过是一个错误,仅仅是因为这一点,人们才能认清现在自己的处境;他们认为苦难统治了世界,只是因为人们尚未知晓如何做得更好——这个观点是错误的。在乌托邦主义者的乐观估计里,他们看不到,这个社会的一部分人总是满意于现状,毫无改变的愿望,而且,这部分人也能从维系现状中获取利益。因为这些人手中握着维系现状的权力,所以社会的具体条件是不会被打破的。"②

84

　　"根据革命的科学,人们发现在当今,意识总是到来得太早。"异轨自黑格尔的《法哲学原理》序言:"哲学总是来得太迟。"③

----

　　① [意]马基雅维里:《君主论》,潘汉典译,商务印书馆,1985年,第27页。
　　② Werner Sombart: *Socialism and the Social Movement in the 19th Century*, Anson P. Atterbury (Translator), G. P. Putnam, 1898, pp32-33.
　　③ [德]黑格尔:《法哲学原理》,范扬、张企泰译,商务印书馆,1972年,序言第13页。

"历史曾经指责我们,针对我们及所有和我们有同样想法的人。历史清楚地表明,当时欧洲大陆经济发展的状况还远远没有成熟⋯⋯"引用自恩格斯在 1895 年为马克思的《法兰西内战》做的再版序言,中译本作:"历史表明,我们以及所有和我们有同样想法的人,都是不对的。历史清楚地表明,当时欧洲大陆经济发展的状况还远没有成熟到⋯⋯"①

87

"整个社会受到革命改造或斗争的各阶级的同归于尽。"引用自马克思、恩格斯的《共产党宣言》。②

"然而马克思也曾经从波拿巴主义角度,描述了近代国家官僚制度的雏形,即资本与国家的融合,构成一种'资本凌驾于劳动之上的国家权力,一种旨在奴役社会的有组织的公共力量'。在这样的国家中,资产阶级将放弃除事物经济历史之外的任何历史生活,它情愿'与其他阶级一样被迫成为政治的虚无'。"参见马克思的《路易·波拿巴的雾月十八日》:"总之,既然资产阶级把它从前当作'自由主义'颂扬的东西指责为'社会主义',那么它就是承认它本身的利益要求它逃避自身统治的危险;要恢复国内的安宁,首先必须使它的资产阶级议会安静下来,要完整地保持它的社会权力,就应该摧毁它的政治权力;只有资产阶级作为一个阶级在政治上注定同其他阶级一样毫无价值,个别资产者才能继续剥削其他阶级,安逸地享受财产、家庭和秩序;要挽救它的钱包,必须把它头上的王冠摘下"③。

88

"穿着其自身的色彩",来自习语"穿着某人的色彩"。欧洲封建社

---

① 〔德〕马克思:《马克思恩格斯全集》第一版第二十二卷,人民出版社,1965 年,第 597 页。

② 〔德〕马克思:《马克思恩格斯文集》第二卷,人民出版社,2009 年版,第 31 页。

③ 〔德〕马克思:《马克思恩格斯全集》第二版第十一卷,人民出版社,1995 年,第 177 页。

会时期的骑士为了表达对自己仰慕的贵妇的爱意，要穿上与该贵妇最喜爱的颜色相同的衣衫，后也用来指加入崇拜者的队列，或成为某个利益共同体的成员。

"其任务的艰巨性"，马克思在很多地方都使用过这句话，比如《路易·波拿巴的雾月十八日》："无产阶级革命……它在自己无限宏伟的目标面前，再三往后退却，一直到形成无路可退的情况为止"①。

"让自己成为权力"：和资产阶级夺取国家权力不同，作为整体的无产阶级会形成一个无国家形式的社会组织，让其中的每个人都获得权力。这也是情境主义者在别处指认的"普遍的自我管理"。参见《景观社会》第 179 条的内容。

"雅各宾派夺取国家权力的方法"，指涉雅各宾派在 1793 年法国大革命期间夺取国家权力的事件。

"将部分目的装扮成普遍目的"，就像是资产阶级在之前所有的革命中做的那样（比如，以"自由"的名义要求无限的经济自由）。

89

"在 1867 年 12 月 7 日那封著名的信件中，附着一篇他自己批判《资本论》的文章"：准确地说，马克思在信中附上了很多意见，希望恩格斯能够帮助修改并提交。

"……作者的主观倾向（也许是他的政治立场或他的过去强加于他的），也就是说他表现自己的方式，还有他向别人表现当今运动最终结果和当今社会进程的方式，与其真正的分析没有任何关系。"引用自马克思 1867 年 12 月 7 日致恩格斯的信，中译本作："作者主观的倾向——他也许由于自己所处的党的地位和自己过去的历史而不得不如此——也就是说，他自己怎样设想或怎样向人表述现代运动、现代社会

---

① ［德］马克思：《马克思恩格斯全集》第二版第十一卷，人民出版社，1995 年，第 135 页。

发展过程的最后结果,是同他对实际的发展的叙述没有共同之
处的。"①

90

"实践的理论在变成实践理论的过程中得到证明",异轨自卢卡奇
的《历史与阶级意识》:"无产阶级的思维起初只是一种关于实践的理
论,它只是逐步地(当然常常是跳跃式地)转变为改造现实的实践的理
论"②。

"苏维埃并不是一个理论的发现":苏维埃是 1905 年俄国革命中的
罢工工人自发组织而成的,没有任何激进的理论家曾经预先设想过这
种人民的自我组织形式,不过事后再来看,他们极有可能是有这样的理
论规划的。

"国际劳动者协会的最高理论真理便是其实践中的存在",暗指马
克思的《法兰西内战》:"公社的伟大社会措施就是它本身的存在,就是
它的工作"③。

91

"无产阶级的有意识自我解放",来自马克思的《国际工人协会共同
章程》第一条:"工人阶级的解放应该由工人阶级自己去争取"④。

"作为大众风暴中心的隐身领航员,我们应该引导这场风暴,不是
借助明显的权力,而是通过所有联盟者的集体专政。这个专政没有绥

---

① 〔德〕马克思:《马克思恩格斯全集》第一版第三十一卷,人民出版社,1972 年,
第 411 页。

② 〔匈〕卢卡奇:《历史与阶级意识:关于马克思主义辩证法的研究》,杜章智译,
商务印书馆,1992 年,第 300 页。

③ 〔德〕马克思:《马克思恩格斯全集》第一版第十七卷,人民出版社,1960 年,第
366 页。

④ 〔德〕马克思:《马克思恩格斯全集》第一版第十七卷,人民出版社,1960 年,第
475 页。

带,没有头衔,没有正式权利,而正因为它没有任何权力的外表而变得更加强大。"引用自巴枯宁 1870 年 8 月写给阿尔伯·理查德(Albert Richard)的信,收录在美国哲学家道尔戈夫编辑的《巴枯宁论无政府主义》中。①

"这样就形成了关于工人革命的两种意识形态的对立,而每种意识形态中都包括了部分的真实批判,但是却失去了历史思想的统一性,把自己建立为意识形态权威。那些强大的组织,如德国社会民主党和伊比利亚无政府主义者联盟,它们曾经忠实地服务于这些意识形态中的这个或那个,但在所有地方,其结果都大相径庭,事与愿违。"异轨自恩格斯在 1895 年为马克思的《法兰西内战》做的再版序言:"公社本身分成了布朗基派(多数)和蒲鲁东派(少数),无论哪一派都不知道应该干什么。"②

92

"无政府主义者需要实现一个理想。"异轨自马克思的《法兰西内战》:"工人阶级不是要实现什么理想"③。

"正是纯粹自由的意识形态使一切变得平等,排除关于历史邪恶的任何想法",异轨自黑格尔的《美学》:"生活中的礼拜天,它使一切平等无差别,扫除了一切邪恶"④。

"历史邪恶",异轨自马克思的《哲学的贫困》:"正是坏的方面引起斗争,产生形成历史的运动。"⑤

---

①   Sam Dolgoff (ed.), *Bakunin on Anarchy*, Vintage, 1971, pp. 17 – 182.

②   [德]马克思:《马克思恩格斯全集》第一版第二十二卷,人民出版社,1965 年,第 600 页。

③   [德]马克思:《马克思恩格斯全集》第一版第十七卷,人民出版社,1960 年,第 363 页。

④   [德]黑格尔:《美学》第三卷上,朱光潜译,商务印书馆,1981 年,第 326 页。

⑤   [德]马克思:《马克思恩格斯全集》第一版第四卷,人民出版社,1958 年,第 154 页。

"近九年来,人们为了拯救世界,在共产国际中发展了比实际需要更多的思想,如果仅仅靠思想就能拯救世界,那么我将向发明新思想的任何人发出挑战。如今的时代已经不属于思想,而是属于事实和行动。"引用自巴枯宁在1873年离开汝拉山同盟时的演讲。

94

"无政府主义在1936年确实导致了一场社会革命":这里指1936—1939年间的西班牙内战,爆发在以弗朗西斯科·佛朗哥为中心的西班牙法西斯国民军和民选的共和国军队(包括共和国政府军和人民阵线左翼联盟)之间,伴随着大规模的无政府主义运动(特别是在巴塞罗那、加泰罗尼亚和阿拉贡地区)。

"得到国外的强大支持":佛朗哥的军事力量得到了希特勒和墨索里尼的支持。

"国际无产阶级运动的其他起义已经被打败,还因为资产阶级的残余力量相对强大,而共和国阵营中还有其他一批国家式工人政党":共和国的人民阵线左翼联盟包括自由资产阶级党派、规模较大的社会主义党、规模较小的革命马克思主义党(POUM),以及规模更小的共产主义党。

"公认的革命领袖都成了部长":无政府主义者,虽然总是放弃选举权,却例外地支持了人民阵线政府,部分原因在于,人民阵线政府允诺释放上千的无政府主义者和其他政治犯人。一旦国内战争爆发,无政府主义者就和共和国政体结成了不稳定的联盟,一直维系到他们被背叛(最终是被斯大林主义者背叛,他们迅速地获取政府中的权力职位,特别是警察方面的权力)。在几个月中,四位主要的无政府主义领导人还构成了共和国政府的一部分。

"成了资产阶级国家的人质,而资产阶级国家摧毁革命,为的是国内战争的失败",这是德波在嘲笑斯大林主义者的"通过摧毁革命来赢得国内战争"的论调。斯大林主义者完成了前半部分,却没有完成后半

部分。对此,柏罗登(Burnett Bolloten)的《西班牙革命和西班牙内战》
(*The Spanish Revolution* and *The Spanish Civil*)可能是最好的通史作
品。乔治·奥威尔(George Orwell)的《向加泰罗尼亚致敬》(*Homage
to Catalonia*)是极好的一手描述。多尔戈夫(Sam Dolgoff)主编的《无
政府集体组织:1936—1939 年间西班牙革命中的工人自我管理》(*The
Anarchist Collectives*:*Workers' Self-Management in the Spanish
Revolution 1936 - 1939*)呈现了战争中普遍的实验资料。其他相关的
作品都列在了新编写的《情境主义国际文集》。

95

　　"有关应该采取的态度的指示。因为承认一种必要性是一回事,而
着手为这个必要性服务则是另一回事",引用自奥地利裔德国政治家、
社会主义者鲁道夫·希法亭的《金融资本》(*Das Finanzkapital*,1910),
中译本作:"对实际行动的指示,因为认识的一种必然性同献身于这种
必然性是不同的两码事。"①

97

　　"镇压了斯巴达克团革命者":1918 年德国失败之后,整个德国都
爆发了多起反抗和革命。德国皇室被艾伯特为首的"社会主义"政府所
取代,但是抗议仍未平息,并且在 1919 年 1 月的柏林的罢工和暴乱中
达到了顶峰。1919 年 1 月的这场暴乱中,就涉及了由卡尔·李卜克内
西和罗莎·卢森堡成立的斯巴达克团。艾伯特的政府,在右翼革命自
由军团的支持下,镇压了斯巴达克团的革命活动,并且谋杀了李卜克内
西和卢森堡。

---

　　① ［德］希法亭:《金融资本》,商务印书馆,1994 年,第 4 页。

98

"列宁不过是位忠实一贯的考茨基主义者,在俄国条件下应用'正统马克思主义'的革命意识形态,俄国的条件不允许第二国际进行相应的改良主义实践。无产阶级的外部领导,通过纪律严密的地下党来实现":德波对于俄国的布尔什维克领导人列宁和德国社会民主党领导人考茨基并无过多评价,但是像他评论别人一样,德波会批评他们在革命组织中灌输和强调"领导"和"先锋"的观念的这类做法。列宁在《怎么办?》中曾经赞赏并引用了考茨基关于革命意识应该从外部灌输给工人的论述:"科学的代表人物并不是工人阶级,而是资产阶级知识分子……社会主义意识是一种从外面灌输到无产阶级的阶级斗争中去的东西,而不是一种从这个斗争中自发地产生出来的东西。"①列宁自己承认说:"我们说,工人本来也不可能有社会民主主义的意识。这种意识只能从外面灌输进去,各国的历史都证明:工人阶级单靠自己本身的力量,只能形成工联主义的意识,即确信必须结成公会,必须同厂主斗争,必须向政府争取颁布对工人是必要的某些法律,如此等等。"②

在情境主义国际的《关于学生生活的贫困》(1966)一文中,他们评价道:"1905年的革命和俄国工人自发组织成苏维埃这一事实,就已经批判了(列宁的)邪恶理论。但是,布尔什维克运动坚持认为,工人阶级的自发性并不能够超越'公会意识',因而不可能把握住'总体性'。这相当于砍掉了无产阶级的脑袋,以便让党能够把自己安到革命的'脑袋'上。质疑无产阶级解放自身的历史能力,就像列宁无情的做法一样,就是在质疑它能够总体地运作未来社会的能力。在这样的观点中,'一切权力归苏维埃'的口号就不过是对苏维埃的胜利,不过是党的国

---

① 〔苏〕列宁:《列宁全集》第六卷,人民出版社,1986年,第37页。
② 〔苏〕列宁:《列宁全集》第六卷,人民出版社,1986年,第29页。

家对武装无产阶级的消亡‘国家’的取代。"①

100

　　"布尔什维克为了自身在俄国取得胜利之时,还有社会民主党为了旧世界而胜利地战斗时",更详细的解释是:"布尔什维克的胜利恰逢国际反革命运动,后者是以德国的‘社会民主’挫败了斯巴达克团为开端。都获得胜利的布尔什维克和改良主义的共同性,比两者之间明显的敌我对立,更加明显。因为布尔什维克最终也只是老瓶装新酒,是对旧秩序的新幌子……资本主义,通过其官僚主义和资产阶级的变体焕然一新,在那些喀琅施塔得的海军,乌克兰的农民,柏林、基尔、图灵、上海以及巴塞罗那的工人,在他们死去的尸体上重生。"②

102

　　"欧洲工人运动的大众在面对 1918—1920 年间的‘这里就是罗得岛,你跳吧!’时的重复放弃":德波的意思是,欧洲工人运动没有充分利用这段时间内少有的绝佳的革命机会。第一次世界大战的后果,包括很多政府的垮台、国家边界的变动和对人民生活的严重扰乱,普遍引起了对整个社会秩序的质疑。在欧洲的很多地方爆发了群众抗议,但结果不是被收买了就是被镇压了。只有俄国革命看起来是唯一的"根本的胜利"。

　　"这里就是罗得岛,你跳吧!"(Hic Rhodus,hic salta),语出古希腊《伊索寓言》中的《吹牛的运动员》:"有个参加五项竞技的运动员,每次比赛都缺乏勇气,常常受到同胞们的指责,只得离开本乡。过了一段时间,他回来了,吹嘘说,他在别的城市多次参加比赛,如何英勇,在罗得

---

　　①　Ken Knabb(ed.),*Situationist International Anthology*,Expanded edition 2006,pp. 426 - 427.

　　②　Ken Knabb(ed.),*Situationist International Anthology*,Expanded edition 2006,pp. 422 - 423.

岛他跳得如何远,没有一个奥林匹克选手比得上他。他说,当时在场的人只要来到这里,都能为他作证。这时,有个人从旁对他说道:'朋友,如果是真的,你就不需要什么见证人,这里就是罗得岛,你跳吧!'"①后来,这句话被黑格尔在《法哲学原理》中引用并加以修改了:"这里是罗陀斯,就在这里跳罢。"②马克思转而引用了这句话,用来表示"这里就有机会,赶紧抓住它!"的意思,见《路易·波拿巴的雾月十八日》:"无产阶级革命……它在自己无限宏伟的目标面前,再三往后退却,一直到形成无路可退的情况为止,那时生活本身会大声喊道:这里是罗陀斯,就在这里跳跃吧! 这里有玫瑰花,就在这里跳舞吧!"③

103

"工农民主专政":列宁的口号,引用自列宁 1921 年在俄共布第十次代表大会上的发言。

"托洛茨基的持续革命的理论":大多数社会主义者的普遍信念是,不发达国家,比如俄国,会最先推翻君主体制或是封建体系,至少主要是通过"资产阶级"革命来完成这一任务;只有在稍后一些时候,当资本主义发展已经创造了必要的物质条件(包括更多、更熟练的工人无产阶级),才有可能完成社会主义革命。根据托洛茨基和帕尔乌斯的持续革命理论(在 1905 年俄国革命之后发展起来),从资产阶级向无产阶级阶段前进的道路有可能是一个持续的过程("持续"在这里并不意味着"永久",而是"不间断"的意思)。

"工人反对派":布尔什维克党内部的这种激进倾向计划,由柯伦泰(Alexandra Kollontai)起草,被收录在柯伦泰的《选集》(*Selected*

---

①　[古希腊]伊索:《伊索寓言》,罗念生等译,人民文学出版社,1981 年,第 16—17 页。

②　[德]黑格尔:《法哲学原理》,范扬、张企泰译,商务印书馆,1972 年,序言第 12 页。

③　[德]马克思:《马克思恩格斯全集》第二版第十一卷,人民出版社,1995 年,第 135—136 页。

Writings)中。而关于 1917 年的俄国革命,托洛茨基的《俄国革命史》值得一读,另外可加上沃林(Voline)的《未知的革命》(*The Unknown Revolution*)和布林顿(Maurice Brinton)的《布尔什维克和工人的管理:1917—1921》(*The Bolsheviks and Workers' Control:1917 - 1921*)。

104

"1925—1927 年中国的国民党":中国的革命工人们成功收复了中国主要城市的控制权后,斯大林仍坚持中国共产党应该听从于蒋介石所领导的国民党。1927 年 4 月上海的工人占领了该城市后,共产党领导们就敦促他们欢迎蒋介石的军队入驻并上交所有的武器。在这之后,蒋介石的军队进驻,屠杀了上千名革命工人。参见伊萨克斯(Harold Isaacs)的《中国革命的悲剧》(*The Tragedy of the Chinese Revolution*)。

"西班牙和法国的人民阵线":俄国和西班牙人民阵线政府的联盟,使西班牙的斯大林主义者们能够攻击和摧毁无政府主义团体和一些激进组织,比如西班牙马克思主义统一工人党(POUM);而俄国和法国人民阵线政府的联盟,导致了法属印度支那反殖民斗争的背叛。参见吴云(Ngo Van)《交锋:越南革命历险》(*In the Crossfire:Adventures of a Vietnamese Revolutionary*)。

"历史上最后的所有制阶级",引用自布鲁诺·里兹的《世界的官僚化》(*The Bureaucratization of the World*),这是第一部深入分析了苏联革命联盟的阶级性质的作品。

"组织的技术问题曾经显示为社会问题",引用自安东·西利加的《列宁和革命》,这是从他的作品《俄国之谜》(*The Russian Enigma*)中摘出的小册子。

107

"官僚制度的原子",暗指黑格尔《精神现象学》中的"个体原子"①。

"他以这种方法自命为绝对的人,在这个人的意识中,就不存在其他更高的精神";"世界的君主拥有对世界是什么的真实意识——有效性的普遍威力——就在它施行的毁灭暴力中,以对抗与它形成对比主体的自我";"破坏这个场地的强权":皆引用自黑格尔。在《精神现象学》中黑格尔对罗马皇帝权力做了如下描述:"这个世界主宰这样一来就自觉他是绝对的、本身同时包含着一切存在的、意识不到另有任何比自己更高的精神的个人。他也跟别人一样是一个个人,但他是一个孤独的个人,他跟所有的人对立着……于是,这个世界主宰,由于意识到自己是这一切现实势力的综合,就成了一个自视为现实上帝的巨大的自我意识;但由于他只是形式的自我,并无能力对这些势力进行任何约束,所以他自己的行为活动与自我享受又是一个同样巨大的荒唐放纵。世界主宰对于他自己是怎样的一种势力具有了确定的意识,他现在确实意识到,在他用以对付跟他对立着的有自我性的臣民的摧毁性暴力中,他是普遍的现实势力。因为,他这个势力并不是什么精神上的融洽一致,仿佛他所统辖的个人都能把他视为他们自己的自我意识……因此无论在他们彼此之间或是在他们与作为他们的关联或连续性的他这个世界主宰之间,只存在着一种否定性的关系。"②

108

"以君主方式引导记忆的能量",引用自科兰古(Caulaincourt)将军的回忆录《随拿破仑远征俄罗斯》(*En traîneau avec l'Empereur*)第五

---

① 〔德〕黑格尔:《精神现象学》下卷,贺麟、王玖兴译,商务印书馆,1979 年,第 33 页。

② 〔德〕黑格尔:《精神现象学》下卷,贺麟、王玖兴译,商务印书馆,1979 年,第 36—37 页。

章:"使那些具有生命力的传统的东西转变成替君主制政治服务"①。

112

    "著名的列宁遗嘱":1922 年 12 月,在列宁最后一次生病时他写给苏联共产党的信,其中陈述了在他死后政府应该如何运作的想法。在这封信中,列宁尖锐批评了斯大林的残暴和欺骗,敦促将他从苏联共产党的总书记候选人上删除。他也批评了托洛茨基的官僚主义倾向。这份"遗嘱"被斯大林主义者们隐藏了,直到 1956 年才被赫鲁晓夫官方承认。

    "俄国第二次革命期间",指 1917 年的革命(第一次是在 1905 年)。早些时候,托洛茨基在孟什维克和布尔什维克之间保持了相对独立的地位;只有到 1917 年,他才支持布尔什维克党(同时,列宁也采纳了托洛茨基的持续革命的理论)。

    "卢卡奇在 1923 年指出了在这个形式中最终找到的中介",见卢卡奇《历史与阶级意识》最后一章:《关于组织问题的方法论》。

    "一个政党不能通过检查其成员来证明在成员的哲学与党的纲领之间是否存在矛盾",引用自列宁 1909 年的《论工人政党对宗教的态度》,中译本作:"一个政治组织要用考试的方法来检验自己成员所持的观点是否同党纲矛盾,那是办不到的。"②

113

    "正如埃及的例子",影射 1952 年埃及的武装革命。

114

    "只有现时对过去的持续支配的要求",异轨自马克思的《共产党宣

---

    ① [法]科兰古:《随拿破仑远征俄罗斯》,晓培译,广东人民出版社,1986 年版,第 223 页。
    ② [苏]列宁:《列宁全集》第十七卷,人民出版社,1988 年,第 395 页。

言》,中译本作:"在资产阶级社会里是过去支配现在,在共产主义社会里是现在支配过去。"①

"因为无产阶级既不能在它所经历的某种特殊不公正中,因此也不能在对某个特殊不公正的纠正中,不能在大多数的这些不公正中真正认识自己,而只能在被抛弃于生活边缘的绝对不公正中真正认识自己。"异轨自马克思的《〈黑格尔法哲学批判〉导言》,中译本作:"这个领域不要求享有任何特殊的权利,因为威胁着这个领域的不是特殊的不公正,而是一般的不公正。"②

115

"工人颠覆的第一次尝试",详见情境主义国际 1962 年的文章《坏日子总会结束》(The Bad Days Will End):"第一次工人反抗整个旧世界体系的颠覆活动早就已经结束了,没有任何事物能再激活它。它失败了……经典的工人运动是在第一国际正式形成之前的好几十年里就开始了,第一次将马克思和他的朋友们在 1845 年的布鲁塞尔开始组织的几个属于不同国家的共产主义团体联系在了一起。在西班牙革命失败之后,也就是 1937 年的巴塞罗那五月事件之后,工人运动就彻底结束了。"③

"敢死队":古时军事用语,用来形容被指派完成一些极端危险的任务的战士;另外,也指走在运动前言的先锋人物;也是巴黎公社里一支冲锋队的名字。德波显然非常喜欢这个词,在他很多作品,甚至在他三部电影作品中都使用过。

"卢德将军",18 世纪末 19 世纪初传说中的英国工人活动家,详见

---

① [德]马克思:《马克思恩格斯文集》第二卷,人民出版社,2009 年版,第 46 页。

② [德]马克思:《马克思恩格斯全集》第二版第三卷,人民出版社,2002 年,第213 页。

③ Ken Knabb (ed.), *Situationist International Anthology*, Expanded edition 2006,pp. 109 – 110.

情境主义国际 1962 年的文章《坏日子总会结束》:"在第一个系统的无产阶级运动组织成立之前,在 18 世纪末和 19 世纪初,出现了把那些让工人失业的生产机器砸毁的单个'罪行',我们从这个时期第一次看到了反对消费机器的破坏潮流,这些机器正在剥夺我们的生命。这两种情况中,意义显然不是在于破坏本身,而是在于反抗,这种反抗能够潜在发展成为一种积极的规划,以某种方式改造机器以提高人们对其生命的实际权力。"①在意大利、法国、比利时和德国的反对"被鼓励的消费的机器"的"否定的新标志"和破坏活动,在同一篇文章里可以看到。同时也可以参考德波对 1965 年美国的沃茨暴动(Watts riot)的评论,见《景观-商品经济的衰落和下降》(The Decline and Fall of the Spectacle-Commodity Economy)②。

116

"人们最终发现了一种政治形式,在这种形式下劳动的经济解放可以得到实现",引用自马克思在《法兰西内战》中对巴黎公社的评价,中译本作:"是终于发现的、可以使劳动在经济上获得解放的政治形式。"③

"联合的条件",引用自马克思、恩格斯的《德意志意识形态》,中译本作:"共产主义……把现存的条件变成联合的条件。"④

117

"便是它自身的产物,这个产物就是生产者自己。生产者对自己来

---

① Ken Knabb (ed.), *Situationist International Anthology*, Expanded edition 2006, p. 108.

② Ken Knabb (ed.), *Situationist International Anthology*, Expanded edition 2006, pp. 194 – 203.

③ [德]马克思:《马克思恩格斯全集》第一版第十七卷,人民出版社,1960 年,第 361 页。

④ [德]马克思:《马克思恩格斯文集》第一卷,人民出版社,2009 年版,第 574 页。

说就是自身的目的。"异轨自黑格尔的《历史哲学》:"'世界历史人物'……追求着他们那些目的的时候,他们没有意识到他们正在展开的那个普遍的'观念';相反地,他们是实践的政治人物。不过,他们同时又是有思想的人物,他们见到什么是需要的东西和正合时宜的东西。"①

118

"历史的意识知道它在委员会中有一席之地,现在可以承认它,不是在倒流物的外围,而是在上升运动的中心。"异轨自尼采:"与其处在崩塌的中心,不如在上升的外围。"

119

"它……不代表等级",异轨自马克思的《〈黑格尔法哲学批判〉导言》,中译本作:"一个表明一切等级……的等级。"②

121

"所用的武器无非就是这些战斗员自身的本质",异轨自黑格尔的《精神现象学》:"这种斗争的结果如何……都必须由斗争者双方所使用的活的武器的性质来决定。因为武器不是别的,只是斗争者自身的本质;而这种本质,仅只对斗争者双方相互呈现。所以它们的武器的性质,从这种斗争本身所包含的性质里就已经显现出来了。"③

122

"它不再能够以被异化的形式去和异化战斗",异轨自黑格尔的《历

---

① ［德］黑格尔:《历史哲学》,王造时译,上海书店出版社,2001年,第29页。
② ［德］马克思:《马克思恩格斯全集》第二版第三卷,人民出版社,2002年,第213页。
③ ［德］黑格尔:《精神现象学》上卷,贺麟、王玖兴译,商务印书馆,1981年,第254页

史哲学》：“教会和那种粗鲁的横暴的感官性作战的时候，它的气质是像它的敌人一样地粗犷、一样地可怖。”①

123

“没有资格的人们”，异轨自罗伯特·穆齐尔（Robert Musil）的小说《没有个性的人》。

第五章

引语

引用自莎士比亚的《亨利四世》，中译本作：“啊诸位！人生很短促…… 如果我们活着，我们要踩着帝王们在脚底下。”②

125

“人……他与时间一样”，在巴拜欧奴的《黑格尔：介绍、文本选择和传记》③这本简单介绍黑格尔思想的书中曾有过相同的语句，但德波也可能是直接从黑格尔文本中选择而来。

“这个消极的生灵，他唯一的能耐就是消除存在”，异轨自黑格尔的《精神现象学》：“在行为里个体性呈现为否定性的东西，它扬弃了躯体的存在才显出自己来，或者说，它自己才有存在。”④

---

① ［德］黑格尔：《历史哲学》，王造时译，上海书店出版社，2001 年，第 403 页。

② ［英］莎士比亚：《莎士比亚全集》第十七卷，梁实秋译，中国广播电视出版社 2001 年，第 207 页。

③ Kostas Papaioannou, *Hegel：Présentation, choix de textes, bibliographie*, Seghers, 1962, p. 67.

④ ［德］黑格尔：《精神现象学》上卷，贺麟、王玖兴译，商务印书馆，1981 年，第 213 页。

"历史本身就是自然史的一个真实部分,是自然变成人的一个部分",引用自马克思的《1844年经济学哲学手稿》,中译本作:"历史本身是自然史的即自然界生成为人这一过程的一个现实部分。"①

"历史总是存在着,但不都是以其历史形式而存在。"异轨自马克思的1843年9月《致阿尔诺德·卢格》:"理性向来就存在,只是不总具有理性的形式"②。

126

"人类真正的自然界","诞生于人类历史中的自然界——它就诞生在人类社会的孕育行为中",引用自马克思的《1844年经济学哲学手稿》的《私有财产和共产主义》章节,中译本作:"在人类历史中即在人类社会的形成过程中生成的自然界,是人的现实的自然界"③。

127

"游牧部族的迁徙仅仅是形式上的,因为它局限于同样的空间",引用自黑格尔的《历史哲学》。

128

"人类的消极担忧",德波指认这是暗指黑格尔的"(人)是他所不是,不是他所是",但是只在黑格尔的《自然哲学》中找到类似的表述:"时间是那种存在的时候不存在、不存在的时候存在的存在"④。

---

① [德]马克思:《马克思恩格斯全集》第二版第三卷,人民出版社,2002年,第308页。
② [德]马克思:《马克思恩格斯全集》第二版第四十七卷,人民出版社,2004年,第65页。
③ [德]马克思:《马克思恩格斯全集》第二版第三卷,人民出版社,2002年,第307页。
④ [德]黑格尔:《自然哲学》,梁志学、薛华、钱广华、沈真译,商务印书馆,1986年,第47页。

131

"文稿是国家的思想；档案是国家的记忆"，引用自诺瓦利斯的诗集《花粉》，中译本作："著作是国家的思想，档案是国家的记忆。"①

133

"哈利卡纳苏斯的希罗多德在此介绍了他的调查结果，以便让时间不至于废除人类的功绩……"引用自希罗多德的《历史》开篇的第一句话，中译本作："在这里发表出来的，乃是哈利卡尔那索人希罗多德的研究成果，他所以要把这些研究成果发表出来，是为了保存人类的功业，使之不致由于年深日久而被人们遗忘"②。

134

"希腊共同体的分裂"，参见修昔底德斯的《伯罗奔尼撒战争史》。

"社会生活的耗费"，暗指巴塔耶的《受诅咒的部分》（Bataille, *La part maudite*）的"耗费的观念"（la notion de dépense）。

136

"通过正在流逝的时间，我们将进入不再流逝的永恒。"引用自博须埃的《圣伯尔纳的颂词》（*Panégyrique de Saint Bernard*）。

137

"在被征服国家得到的生产力"，引用自马克思、恩格斯的《德意志意识形态》，中译本作："被占领国家的生产力"③。

---

① ［德］诺瓦利斯：《夜颂中的革命和宗教：诺瓦利斯选集卷一》，林克等译，华夏出版社，2007年，第91页。

② ［古希腊］希罗多德：《历史》，王以铸译，商务印书馆，1997年，第1页。

③ ［德］马克思：《马克思恩格斯文集》第一卷，人民出版社，2009年版，第578页。

138

"中世纪衰落",引用自荷兰作家约翰·赫伊津哈的小说名字,中译本作《中世纪的衰落》①。

139

"文艺复兴的真正精神",这段描述来自雅各布·布克哈特(Jacob Burckhardt)的《意大利文艺复兴时期的文化》第五篇第八章《节日庆典》,以及其中写到的美第奇的歌曲:"青春是多么美丽啊,但是,留不住这逝水年华!"②。

140

"世界已经彻底改变。"异轨自《国际歌》的歌词,中文歌词作:"旧世界打个落花流水……不要说我们一无所有,我们要做天下的主人。"③

141

"无人驾驭的新宿命",异轨自卢卡奇的《历史与阶级意识》:"未被控制的力量的这种无情性获得了一种完全不同的特点。从前它是一种——从根本上来说——非理性命运的盲目的力量;在它那儿,人的认识能力的可能性不复存在了,绝对的先验性、信仰的王国等等则开

---

①　[荷]赫伊津哈:《中世纪的衰落》,刘军、舒炜等译,北京大学出版社,2014年。

②　[瑞]布克哈特:《意大利文艺复兴时期的文化》,何新译,商务印书馆,1983年,第420页。

③　德波异轨的是法文版《国际歌》第一段中的两句话:"Le monde va changer de base,Nous ne sommes rien, soyons tout."中文歌词翻译为:"旧世界打个落花流水……不要说我们一无所有,我们要做天下的主人。"德波将"Le monde va changer de base"(直译为"世界将彻底改变")改写为"Le monde a changé de base",直译为"世界已经彻底改变"。

始了。"①

143

　　"以前是有历史的,现在再也没有历史了。"引用自马克思的《哲学的贫困》第二章第一节的第七个说明。②

144

　　"披着古罗马特色外衣",异轨自马克思的《路易·波拿巴的雾月十八日》:"当人们好像刚好在忙于改造自己和周围的事物并创造前所未闻的事物时,恰好在这种革命危机时代,它们战战兢兢地清楚亡灵来为它们效劳,借用它们的名字、战斗口号和衣服,以便穿着这种久受崇敬的服装,用这种借来的语言,演出世界历史的新的一幕。例如,路德换上了使徒保罗的服装,1789—1814 年的革命依次穿上了罗马共和国和罗马帝国的服装……旧的法国革命时的英雄卡米尔·德穆兰、丹东、罗伯斯庇尔、圣茹斯特、拿破仑,同旧的法国革命时的党派和人民群众一样,都穿着罗马的服装,讲着罗马的语言来实现当代的任务,即解除桎梏和建立现代资产阶级社会。"③

　　"在基督教中,在对抽象的人的崇拜中,找到……最合适的宗教补充",引用自马克思的《资本论》第一卷,中译本作:"崇拜抽象人的基督教,特别是资产阶级发展阶段的基督教,如新教、自然神教等等,是最适当的宗教形式。"④

---

　　①　[匈]卢卡奇:《历史与阶级意识:关于马克思主义辩证法的研究》,杜章智译,商务印书馆,1992 年,第 201 页。

　　②　[德]马克思:《马克思恩格斯全集》第一版第四卷,人民出版社,1958 年,第154 页。

　　③　[德]马克思:《马克思恩格斯全集》第二版第十一卷,人民出版社,1995 年,第132 页。

　　④　[德]马克思:《马克思恩格斯全集》第二版第四十四卷,人民出版社,2001 年,第 97 页。

第六章

引语

引用自巴尔塔沙·葛拉西安的《智慧书》,中译本作:"我们除了时间——无助者和无家可归者的惟一归宿——外没有任何可称其为是自己的东西。"①

147

"时间就是一切,人不算什么;人至多不过是时间的体现。"引用自马克思的《哲学的贫困》。②

"人类发展领域",引用自马克思的《工资、价格和利润》,中译本作:"时间是人类发展的空间"③。

151

"已经以某种形式存在的产品,专门用于消费的某个产品,当然也轮到它成为另一个产品的原料",引用自马克思的《资本论》,中译本作:"一个已经完成而可供消费的产品,能重新成为另一种产品的原料"④。

---

① 〔西〕葛拉西安:《智慧书》,辜正坤译,海南出版社,1998 年,第 247 页。
② 〔德〕马克思:《马克思恩格斯全集》第一版第四卷,人民出版社,1958 年,第 97 页。
③ 〔德〕马克思:《马克思恩格斯全集》第一版第十六卷,人民出版社,1964 年,第 161 页。
④ 〔德〕马克思:《马克思恩格斯全集》第二版第四十四卷,人民出版社,2001 年,第 213 页。

154

"生活的昂贵耗费",暗指巴塔耶的《受诅咒的部分》的"耗费的观念"。

156

"过去支配现在",引用自马克思的《共产党宣言》。①

159

"为把劳动者引向商品时间的'自由'生产者和消费者的身份,先决条件就是对他们时间的暴力征用。"参见马克思《资本论》中《所谓原始积累》章节关于在公有地对工人的原始剥削的描述。②

160

"美国式死亡",暗指杰西卡·米特福德(Jessica Mitford)研究丧礼工业的《美国式死亡》(*The American Way of Death*)。

163

"时间的社会尺度减弱的规划……同时出现了一些联合的独立时间",暗指马克思的"国家的衰弱"和用独立团体的联合来取代国家的无政府主义观念。

"不依赖个人而存在的一切",引用自马克思、恩格斯的《德意志意识形态》,中译本作:"一切不依赖个人而存在的状况"③。

---

① 〔德〕马克思:《马克思恩格斯文集》第二卷,人民出版社,2009年版,第46页。
② 〔德〕马克思:《马克思恩格斯全集》第二版第四十四卷,人民出版社,2001年,第832页。
③ 〔德〕马克思:《马克思恩格斯文集》第一卷,人民出版社,2009年版,第574页。

164

　　"世界已经拥有某个时间的梦想,它现在必须拥有对时间的意识,以便真正地体验这个时间。"异轨自马克思 1843 年 9 月《致阿尔诺德·卢格》:"世界早就在幻想一种只要它意识到便能真正掌握的东西了。"①

第七章

引语

　　引用自马基雅维里的《君主论》,中译本作:"任何人一旦成为一个城市的主子,如果这个城市原来习惯于自由的生活,而他不把这个城市消灭,他就是坐待它把自己消灭。因为这个城市在叛乱的时候,总是利用自由的名义和它的古老的秩序作为借口。而这两者尽管经过悠久的岁月或者施恩授惠都不能够使人们忘怀。除非将那里的居民弄得四分五裂或者东离西散,否则无论你怎么办或者怎么预防,他们还是永远不会忘掉那个名义和那种秩序的"②。

165

　　"这个同质化的强权是个庞大的炮兵阵地,足以摧毁所有的中国长城。"引用自马克思的《共产党宣言》,中译本作:"它的商品的低廉价格,是它用来摧毁一切万里长城、政府野蛮人最顽强的仇外心理的重炮。"③

---

　　① 〔德〕马克思:《马克思恩格斯全集》第二版第四十七卷,人民出版社,2004 年,第 66 页。
　　② 〔意〕马基雅维里:《君主论》,潘汉典译,商务印书馆,1986 年,第 23 页。
　　③ 〔德〕马克思:《马克思恩格斯文集》第二卷,人民出版社,2009 年,第 35 页。

170

　　"空间的平静共处","时间持续中不安定未来",可能来自黑格尔的《哲学入门》:"空间是事物之间平静的分裂和并列的关系;时间是事物消失或改变的关系……在空间的世界中问题并不是连续而是共存……不安定的生成(时间)并不是合题的整体的元素之一。"①

172

　　"随着远距离大众交际手段的出现,人口的隔离显示为一个更为有效的控制手段……从今以后处于单行道的世界",引用自芒福德的《城市发展史》,中译本作:"当今有了长距离有广泛影响的传播手段,在这种情况下,让人们自由任意地孤零零地住到郊区去,已经证明是控制人民的一种更为有效的方法。"②

174

　　"堆满都市废料的无形大块",引用自芒福德的《城市发展史》,中译本作:"无定形的半城市化结构,结果只是增加了城市残骸。"③

176

　　"它让乡村从属于城市",异轨自马克思的《共产党宣言》:"资产阶级使农村屈服于城市的统治。"④

　　"空气给人自由",中世纪德国的谚语,用来描述农奴可以通过逃离

---

　　① Hegel, *The Philosophical Propaedeutic*, translated by A. V. Miller, Blackwell, 1986, pp. 66, 92, 144.

　　② [美]芒福德:《城市发展史》,宋俊岭、倪文彦译,中国建筑工业出版社,2004年,第525页。

　　③ [美]芒福德:《城市发展史》,宋俊岭、倪文彦译,中国建筑工业出版社,2004年,第521页。

　　④ [德]马克思:《马克思恩格斯文集》第二卷,人民出版社,2009年,第36页。

到城镇来解放自己这一事实。

177

"而在乡村则是完全相反的情况:隔绝和分散",引用自马克思、恩格斯的《德意志意识形态》。①

178

"生活被理解为一次旅行",异轨自路易-费迪南·塞利纳的《茫茫黑夜漫游》的题词:"我们生活在严寒黑夜,人生好像长途旅行,仰望苍空寻找出路,天际却无指引的明星。"②

179

"无产阶级反国家专政":尽管马克思和恩格斯的"无产阶级专政"的概念和维系了半个世纪的斯大林专制体系对无产阶级的统治完全不同,但是这两者之间仍然被认为有很多渊源。德波在这里明确地斩断了这些联系,设想了一个社会组织的非国家状态,被情境主义者们视为"自我管理"。

第八章

引语

在德波关于五月风暴的文章《一个时代的开始》(The Beginning of an Era)中,这段话被他视为"一个有趣的例子,展示了某种历史无意识

---

① ［德］马克思:《马克思恩格斯文集》第一卷,人民出版社,2009 年,第 556 页。
② ［法］塞利纳:《茫茫黑夜漫游》,沈志明译,漓江出版社,1988 年,第 4 页。

由于相似的原因不断地产生，而且总会和相似的结果相矛盾"①。在这里，德国革命在 1848 年就爆发了，恰恰是在卢格驳回革命的可能性的五年之后。

180

"当统一的力量从人的生活中消失，当对立已经失去了它们的活的关系和相互作用，并正在赢得独立性时……"，引用自黑格尔的《关于费希特和谢林哲学体系的差别》，其完整的中文译文见卢卡奇的《历史与阶级意识》，其中完整地引用了黑格尔的这句话："当统一的力量从人的生活中消失，当对立已经失去了它们的活的关系和相互作用，并正在赢得独立时，对哲学的需要就形成了。"②

181

"传统与革新的斗争"，异轨自哈罗德·罗森伯格（Harold Rosenberg）的《新之传统》（*La Tradition du nouveau*）。

182

"任何批判的首要条件"，引用自马克思的《〈黑格尔法哲学批判〉导言》，中译本作："对宗教的批判是其他一切批判的前提"③。

183

"一个太不明理的世界的意义"，异轨自马克思的《〈黑格尔法哲学批判〉导言》："宗教是被压迫生灵的叹息，是无情世界的心境，正像它是

① Ken Knabb（ed.），*Situationist International Anthology*，Expanded edition 2006，p. 288.
② ［匈］卢卡奇：《历史与阶级意识：关于马克思主义辩证法的研究》，杜章智等译，商务印书馆，1992 年，第 215 页。
③ ［德］马克思：《马克思恩格斯全集》第二版第三卷，人民出版社，2002 年，第199 页。

无精神活力的制度的精神一样。"①

184

"文化历史的终结",暗指黑格尔的《精神现象学》。

188

"当变得独立的艺术用鲜艳的颜色表现它的世界时,生命的某个时刻已经老去,这个时刻不会因鲜艳颜色而返回青春。它只能让人们在记忆中回顾。艺术的伟大只有在生命陨落时才开始显示。"异轨自黑格尔的《法哲学原理》序言:"当哲学把它的灰色绘成灰色的时候,这一生活形态就变老了。对灰色绘成灰色,不能使生活形态变得年青,而只能作为认识的对象。密纳发的猫头鹰要等黄昏到来,才会起飞。"②

189

"生活而不是永久",引用自欧亨尼奥·多尔斯的《巴罗克艺术》。

"过渡",在这个词上,德波可能是一词多义,可能是指运动、转变、瞬间即逝(时间的过渡),也可能是指文学或是音乐上的段落。

"回忆的保存",引用自黑格尔的《精神现象学》,参见第八章《绝对知识》。③

191

"达达主义想以不实现艺术的方式去消灭艺术,而超现实主义则想以不消灭艺术的方式去实现艺术。"异轨自马克思的《〈黑格尔法哲学批

---

① [德]马克思:《马克思恩格斯全集》第二版第三卷,人民出版社,2002年,第200页。

② [德]黑格尔:《法哲学原理》,范扬、张企泰译,商务印书馆,1972年,序言第14页。

③ [德]黑格尔:《精神现象学》(下卷),贺麟、王玖兴译,商务印书馆,1979年,第274—275页。

判〉导言》:"关于这一派,我们留待以后作更详细的叙述。该派的根本缺陷可以归结如下:它以为,不消灭哲学,就能够使哲学成为现实。"①

193

"克拉克·克尔是这种趋势的最先进的思想家之一,他计算出知识的生产、销售和消费的复杂过程,每年在美国已经囤积了 29% 的国民产值;他还预计在本世纪后半叶,文化在经济发展中大概会扮演推动力的角色,在本世纪前半叶是汽车的发展,而在上世纪后半叶则是铁路的大发展。"在克尔的《大学之用》中,他认为:"各种形式的'知识'的生产、分配和消费据说占国民生产总值的 29%;'知识生产'以大约两倍于其他经济的增长速度。知识前所未有地处在了整个社会活动的核心位置上。铁路在上世纪下半叶和汽车在本世纪上半叶都曾经是国家发展的焦点。"②这段引用的话还有另一层之意,因为在 1964 年,克尔是加利福尼亚大学伯克利分校校长,在这里发起了言论自由运动,这也和其他事情一起挑战了将大学视为"知识工厂"的观念。

195

"冲突是其世界所有事物的起源",异轨自《赫拉克利特著作残篇》第 53 条:"战争是一切之父,一切之王。"③

"景观权力是其无答复语言体系中的绝对权力",来自阿克顿勋爵(Lord Acton)的名言:"权力会产生腐败,绝对的权力产生绝对的腐败。"

---

① [德]马克思:《马克思恩格斯全集》第二版第三卷,人民出版社,2002 年,第 206 页。

② [美]克尔:《大学之用》,高铦、高戈、汐汐译,北京大学出版社,2008 年,第 50—51 页。

③ [古希腊]赫拉克利特:《赫拉克利特著作残篇》,罗宾森英译,楚荷中译,广西师范大学出版社,2007 年,第 66 页。

198

　　"揭露经济富足社会中鼓励浪费的荒诞或危险的那些人",可能是暗指万斯·帕卡德(Vance Packard)的《浪费制造商》(*The Waste Makers*)。

　　"浪费用来做什么",暗指巴塔耶的《受诅咒的部分》的"耗费的观念"。

　　"《图像》",指布尔斯廷在 1962 年出版的《图像:美国梦发生了什么》(*The Image,or What Happened to the American Dream*),再版时标题改为《图像:美国虚构事件指南》(*The Image:A Guide to Pseudo-Events in America*)。

200

　　"这是因为历史本身像个幽灵在萦绕着现代社会",暗指马克思《共产党宣言》中的句子:"一个幽灵,共产主义的幽灵,在欧洲游荡。"①

202

　　"正如在任何历史社会科学中那样,要理解'结构主义'类别,就必须时时保持这种看法,即类别表达着存在形式和存在条件。"异轨自马克思的《政治经济学批判导言》:"在研究经济范畴的发展时,正如在研究任何历史科学、社会科学时一样,应当时刻把握住:无论在现实中或在头脑中,主体——这里是现代资产阶级社会——都是既定的;因而范畴表现这个一定社会即这个主体的存在形式、存在规定、常常只是个别的侧面"②。

　　"人们不能根据时代所具有的相关意识去评价这些改造的时代;恰

---

　　① 〔德〕马克思:《马克思恩格斯文集》第二卷,人民出版社,2009 年版,第 3 页。
　　② 〔德〕马克思:《马克思恩格斯全集》第二版第三十卷,人民出版社,1995 年,第 47—48 页。

恰相反,应该借助物质生活的矛盾去解释意识……"引用自马克思的《政治经济学批判》第一分册序言,中译本作:"我们判断这样一个变革时代也不能以它的意识为根据;相反,这个意识必须从物质生活的矛盾中……(从社会生产力和生产关系之间的现存冲突中)去解释。"①

"结构是现有权力的女儿。"异轨自乔纳森·斯威夫特(Jonathan Swift)的《对各种学科的想法》一文:"颂歌是现有权力的女儿。"②

"结果不是结构主义被用来证明景观社会的跨历史效力,相反倒是景观社会自行强加的庞大现实,被用来证明结构主义那冰冷的梦想。"异轨自马克思的《政治经济学批判导言》:"劳动这个例子令人信服地表明,哪怕是最抽象的范畴,虽然正是由于它们的抽象而适用于一切时代,但是就这个抽象的规定性本身来说,同样是历史条件的产物,而且只有对于这些条件并在这些条件之内才具有充分的适用性。"③

203

"因为显而易见,任何思想都不能通向现有景观之外,而只能通向关于景观的现有思想之外。要真正地摧毁景观社会,就必须有将实践力量付诸行动的人们。"一部分异轨自马克思、恩格斯的《神圣家族》第六章第三部分的 c 小节:"思想从来也不能超出旧世界秩序的范围:在任何情况下它都只能超出旧世界秩序的思想范围。思想根本不能实现什么东西。为了实现思想,就要有使用实践力量的人。"④另一部分异轨自马克思的《1844 年经济学哲学手稿》:"要扬弃私有财产的思想,有

---

① [德]马克思:《马克思恩格斯全集》第二版第三十一卷,人民出版社,1998 年,第 413 页。

② Jonathan Swift, Thoughts on Various Subjects, in *The works of the Rev. Jonathan Swift*, New York: W. Durell, 1812, p173.

③ [德]马克思:《马克思恩格斯全集》第二版第三十卷,人民出版社,1995 年,第 46 页。

④ [德]马克思:《马克思恩格斯全集》第一版第二卷,人民出版社,1957 年,第 152 页。

思想上的共产主义就完全够了。而要扬弃现实的私有财产,则必须有现实的共产主义行动。"①

"这个理论并不从工人阶级那里期待什么奇迹。"异轨自马克思的《法兰西内战》:"工人阶级并没有期望公社做出奇迹。"②

204

"写作的零度",出自罗兰·巴特著作的题目。"写作的零度"意味着,写作完全脱离了实质和意义,而只剩下赤裸的框架:写"比如"这样的字眼。而对这种写作的"颠倒",就是最可能富有实质和意义的写作。

205

"在其风格本身中,辩证理论的展示就是一个丑闻和一种可憎之物,依据的是主导语言的规则,还有这些规则培养出来的情趣,因为在现存概念的肯定使用中,这种语言同时包含了一种理解,即重新找回的概念流动的理解,还有概念必须毁灭的理解。"异轨自马克思的《资本论》第二版跋:"辩证法,在其合理形态中,对统治阶级及其教条的空想理论家来说,是一种丑闻和一种可憎之物,因为辩证法在对现存事物的肯定的理解中,它同时包含了一种对现存事物的否定的理解,即对现存事物的必然灭亡的理解。"③

206

"真理不像一个产品,在其中不能再找到工具的痕迹",引用自黑格

---

① 〔德〕马克思:《马克思恩格斯全集》第二版第三卷,人民出版社,2002 年,第 347 页。

② 〔德〕马克思:《马克思恩格斯全集》第一版第十七卷,人民出版社,1960 年,第 362 页。

③ 该文对应马克思《资本论》第一卷,中译本作:"辩证法,在其合理形态上,引起资产阶级及其空论主义的代言人的恼怒和恐怖,因为辩证法在对现存事物的肯定的理解中同时包含对现存事物的否定的理解,即对现存事物的必然灭亡的理解。"(〔德〕马克思:《马克思恩格斯全集》第二版第四十四卷,人民出版社,2001 年,第 22 页。)

尔的《精神现象学》,中译本作:"真理,不是……工具被遗留在造成的容
器以外那样"①。

"但是不管怎样游历和迁回,正如果酱总是要回到食品柜一样,你
最终还是会向其中加入一小句话,这句话不是你的,却通过它所唤醒的
记忆而让人忐忑不安",引用自克尔凯郭尔的《哲学片段》,中译本作:
"你写得够迁回曲折的。就像沙夫特(Saft)最后总要倒在餐厅那样,你
也总要掺和进一些并不属于你自己的话,使人寻根索源颇费一番
周折。"②

"还要指出一点,即关于你针对我的怨言有许多暗示,说我将怨言
与借用的话混在一起。在这里我不否认,我也不再掩饰这是故意为之,
而且在本书后续章节中,如果我还继续写下去,我有意用其真正的名字
来命名物品,用历史的服装来装扮问题。"引用自克尔凯郭尔的《哲学片
段》,中译本作:"我想更就你的许多暗示直接做点说明,你的许多暗示
几乎都针对我在议论中掺和了剽窃来的话。对此,我并不否认,老实告
诉你,我还是有意要这样做的,而且在这本小册子的续篇——要是我接
着去写这续篇的话——我打算用相应的书名去点名这事实,并使其问
题裹上历史的外表。"③

207

引用自洛特雷阿蒙(Lautréamont)的诗,中译本作:"各种观念变好
了。这些词汇的意义有助于此。抄袭是必要的。进步导致这样做。它
紧紧地靠近一个作者的语句,利用他的表达,抹去一个错误观念,换上

---

① [德]黑格尔:《精神现象学》上卷,贺麟、王玖兴译,商务印书馆,1981 年,第 25
页。

② [丹]克尔凯郭尔:《论怀疑者哲学片段》,翁绍军、陆兴华译,三联书店,1996
年,第 244 页。

③ [丹]克尔凯郭尔:《论怀疑者哲学片段》,翁绍军、陆兴华译,三联书店,1996
年,第 249 页。

正确观念。"①

208

"异轨不在任何其他外在事物之上建立自己的事业",异轨自施蒂纳的《唯一者及其所有物》:"我也就同样将我的事业置于我自己的基础上"②。

第九章

引语

引用自黑格尔的《精神现象学》,中译本作:"自我意识是自在自为的,这由于、并且也就因为它是为另一个自在自为的自我意识而存在的;这就是说,它所以存在只是由于被对方承认。"③

214

"'总体的意识形态',在曼海姆的意义上",参见曼海姆的《意识形态与乌托邦》第二部分的内容。

215

"人与人之间分离和疏远的表达",来自马克思的《1844 年经济学哲学手稿》。

---

　　①　[法]洛特雷阿蒙:《洛特雷阿蒙作品全集》,车槿山译,东方出版社,2001 年,第 249—250 页。
　　②　[德]施蒂纳:《唯一者及其所有物》,金海民译,商务印书馆,1989 年,第 5 页。
　　③　[德]黑格尔:《精神现象学》上卷,贺麟、王玖兴译,商务印书馆,1981 年,第 122 页。

"欺骗的新的力量","随着对象的数量的增长,奴役人的异己存在物的新领域也在扩展","因此,对金钱的需求是政治经济学所产生的真正需求",均引用自马克思的《1844年经济学哲学手稿》,中译本分别作:"欺骗的……新的潜在力量","随着对象的数量的增长,奴役人的异己存在王国也在扩展","因此,货币的需要是国民经济学所产生的真正需要"。①

"死亡之物的生命,运行于自身的生命",引用自黑格尔的《耶拿实在哲学》(*Jenenser Realphilosophie*)。

217

"分离建造了它的世界",来自《旧约·箴言》9.1:"智慧建造房屋"。

218

"在精神分裂症的临床病历中,总体性辩证法的衰落(其极端形式是解体)和变化的辩证法的衰落(其极端形式是紧张症)似乎相互关联着",引用自加贝尔的《虚假的意识》(*Fausse conscience*)。

"镜像符号",精神疾病中的用语,指病人着魔般地看着在镜子里的自己,以及/或是将镜子中的影像当成自己的对话者。这个含义,在加贝尔作品的描述中也可以看出(也是德波引用的):"我可以确认,这种和精神疾病中的'镜像症状'相似的行为,确实在社会层面上存在。国家——通常是极权主义的国家——为了能在虚假的协商形式下获准实行暴力或是侵占他国领土,它会选择一个虚假的对话者。就像具有争议的临床现象,这是与一位虚假的对话者相遇的假象,一种精神分裂症结构的行为。"

---

① [德]马克思:《马克思恩格斯全集》第二版第三卷,人民出版社,2002年,第339页。

221

"从颠倒的真理的物质基础中解放出来,这就是我们时代的自我解放所包含的内容。这个'在此岸世界确立真理的历史的任务'",异轨自马克思的《〈黑格尔法哲学批判〉导言》:"因此,真理的彼岸世界消逝以后,历史的任务就是确立此岸世界的真理。"①

"表明一切等级解体的等级",引用自马克思的《〈黑格尔法哲学批判〉导言》。②

"与世界历史直接相联系",引用自马克思、恩格斯的《德意志意识形态》。③

---

① 〔德〕马克思:《马克思恩格斯全集》第二版第三卷,人民出版社,2002 年,第 200 页。

② 〔德〕马克思:《马克思恩格斯全集》第二版第三卷,人民出版社,2002 年,第 213 页。

③ 〔德〕马克思:《马克思恩格斯文集》第一卷,人民出版社,2009 年版,第 539 页。

《当代学术棱镜译丛》
已出书目

媒介文化系列

第二媒介时代 [美]马克·波斯特

电视与社会 [英]尼古拉斯·阿伯克龙比

思想无羁 [美]保罗·莱文森

媒介建构：流行文化中的大众媒介 [美]劳伦斯·格罗斯伯格 等

揣测与媒介：媒介现象学 [德]鲍里斯·格罗伊斯

媒介学宣言 [法]雷吉斯·德布雷

媒介研究批评术语集 [美]W. J. T. 米歇尔 马克·B. N. 汉森

解码广告：广告的意识形态与含义 [英]朱迪斯·威廉森

全球文化系列

认同的空间——全球媒介、电子世界景观与文化边界 [英]戴维·莫利

全球化的文化 [美]弗雷德里克·杰姆逊 三好将夫

全球化与文化 [英]约翰·汤姆林森

后现代转向 [美]斯蒂芬·贝斯特 道格拉斯·科尔纳

文化地理学 [英]迈克·克朗

文化的观念 [英]特瑞·伊格尔顿

主体的退隐 [德]彼得·毕尔格

反"日语论" [日]莲实重彦

酷的征服——商业文化、反主流文化与嬉皮消费主义的兴起 [美]托马斯·弗兰克

超越文化转向 [美]理查德·比尔纳其 等

全球现代性：全球资本主义时代的现代性 [美]阿里夫·德里克

文化政策 [澳]托比·米勒 [美]乔治·尤迪思

局外人:越轨的社会学研究 [美]霍华德·S.贝克尔

社会的构建 [美]爱德华·希尔斯

多元现代性 周宪 [德]比约恩·阿尔珀曼 [德]格尔哈德·普耶尔

新学科系列

后殖民理论——语境 实践 政治 [英]巴特·穆尔-吉尔伯特

趣味社会学 [芬]尤卡·格罗瑙

跨越边界——知识学科 学科互涉 [美]朱丽·汤普森·克莱恩

人文地理学导论:21世纪的议题 [英]彼得·丹尼尔斯 等

文化学研究导论:理论基础·方法思路·研究视角 [德]安斯加·纽宁
[德]维拉·纽宁主编

世纪学术论争系列

"索卡尔事件"与科学大战 [美]艾伦·索卡尔 [法]雅克·德里达 等

沙滩上的房子 [美]诺里塔·克瑞杰

被困的普罗米修斯 [美]诺曼·列维特

科学知识:一种社会学的分析 [英]巴里·巴恩斯 大卫·布鲁尔 约翰·亨利

实践的冲撞——时间、力量与科学 [美]安德鲁·皮克林

爱因斯坦、历史与其他激情——20世纪末对科学的反叛 [美]杰拉尔德·
霍尔顿

真理的代价:金钱如何影响科学规范 [美]戴维·雷斯尼克

科学的转型:有关"跨时代断裂论题"的争论 [德]艾尔弗拉德·诺德曼
[荷]汉斯·拉德 [德]格雷戈·希尔曼

广松哲学系列

物象化论的构图 [日]广松涉

事的世界观的前哨 [日]广松涉

文献学语境中的《德意志意识形态》 [日]广松涉

存在与意义(第一卷) [日]广松涉

存在与意义(第二卷) [日]广松涉

唯物史观的原像 [日]广松涉

哲学家广松涉的自白式回忆录 [日]广松涉
资本论的哲学 [日]广松涉
马克思主义的哲学 [日]广松涉
世界交互主体的存在结构 [日]广松涉

国外马克思主义与后马克思思潮系列

图绘意识形态 [斯洛文尼亚]斯拉沃热·齐泽克 等
自然的理由——生态学马克思主义研究 [美]詹姆斯·奥康纳
希望的空间 [美]大卫·哈维
甜蜜的暴力——悲剧的观念 [英]特里·伊格尔顿
晚期马克思主义 [美]弗雷德里克·杰姆逊
符号政治经济学批判 [法]让·鲍德里亚
世纪 [法]阿兰·巴迪欧
列宁、黑格尔和西方马克思主义:一种批判性研究 [美]凯文·安德森
列宁主义 [英]尼尔·哈丁
福柯、马克思主义与历史:生产方式与信息方式 [美]马克·波斯特
战后法国的存在主义马克思主义:从萨特到阿尔都塞 [美]马克·波斯特
反映 [德]汉斯·海因茨·霍尔茨
为什么是阿甘本? [英]亚历克斯·默里
未来思想导论:关于马克思和海德格尔 [法]科斯塔斯·阿克塞洛斯
无尽的焦虑之梦:梦的记录(1941—1967)附《一桩两人共谋的凶杀案》
(1985) [法]路易·阿尔都塞
马克思:技术思想家——从人的异化到征服世界 [法]科斯塔斯·阿克塞洛斯

经典补遗系列

卢卡奇早期文选 [匈]格奥尔格·卢卡奇
胡塞尔《几何学的起源》引论 [法]雅克·德里达
黑格尔的幽灵——政治哲学论文集[Ⅰ] [法]路易·阿尔都塞
语言与生命 [法]沙尔·巴依
意识的奥秘 [美]约翰·塞尔
论现象学流派 [法]保罗·利科

脑力劳动与体力劳动:西方历史的认识论 [德]阿尔弗雷德·索恩-雷特尔

黑格尔 [德]马丁·海德格尔

黑格尔的精神现象学 [德]马丁·海德格尔

生产运动:从历史统计学方面论国家和社会的一种新科学的基础的建立 [德]弗里德里希·威廉·舒尔次

先锋派系列

先锋派散论——现代主义、表现主义和后现代性问题 [英]理查德·墨菲

诗歌的先锋派:博尔赫斯、奥登和布列东团体 [美]贝雷泰·E.斯特朗

情境主义国际系列

日常生活实践 1.实践的艺术 [法]米歇尔·德·塞托

日常生活实践 2.居住与烹饪 [法]米歇尔·德·塞托 吕斯·贾尔 皮埃尔·梅约尔

日常生活的革命 [法]鲁尔·瓦纳格姆

居伊·德波——诗歌革命 [法]樊尚·考夫曼

景观社会 [法]居伊·德波

当代文学理论系列

怎样做理论 [德]沃尔夫冈·伊瑟尔

21 世纪批评述介 [英]朱利安·沃尔弗雷斯

后现代主义诗学:历史·理论·小说 [加]琳达·哈琴

大分野之后:现代主义、大众文化、后现代主义 [美]安德列亚斯·胡伊森

理论的幽灵:文学与常识 [法]安托万·孔帕尼翁

反抗的文化:拒绝表征 [美]贝尔·胡克斯

戏仿:古代、现代与后现代 [英]玛格丽特·A.罗斯

理论入门 [英]彼得·巴里

现代主义 [英]蒂姆·阿姆斯特朗

叙事的本质 [美]罗伯特·斯科尔斯 詹姆斯·费伦 罗伯特·凯洛格

文学制度 [美]杰弗里·J.威廉斯

新批评之后 [美]弗兰克·伦特里奇亚

文学批评史：从柏拉图到现在　[美]M. A. R. 哈比布

德国浪漫主义文学理论　[美]恩斯特・贝勒尔

萌在他乡：米勒中国演讲集　[美]J. 希利斯・米勒

文学的类别：文类和模态理论导论　[英]阿拉斯泰尔・福勒

思想絮语：文学批评自选集(1958—2002)　[英]弗兰克・克默德

叙事的虚构性：有关历史、文学和理论的论文(1957—2007)　[美]海登・怀特

21 世纪的文学批评：理论的复兴　[美]文森特・B. 里奇

核心概念系列

文化　[英]弗雷德・英格利斯

风险　[澳大利亚]狄波拉・勒普顿

学术研究指南系列

美学指南　[美]彼得・基维

文化研究指南　[美]托比・米勒

文化社会学指南　[美]马克・D. 雅各布斯　南希・韦斯・汉拉恩

艺术理论指南　[英]保罗・史密斯　卡罗琳・瓦尔德

《德意志意识形态》与文献学系列

梁赞诺夫版《德意志意识形态・费尔巴哈》[苏]大卫・鲍里索维奇・梁赞诺夫

《德意志意识形态》与 MEGA 文献研究　[韩]郑文吉

巴加图利亚版《德意志意识形态・费尔巴哈》[俄]巴加图利亚

MEGA：陶伯特版《德意志意识形态・费尔巴哈》　[德]英格・陶伯特

当代美学理论系列

今日艺术理论　[美]诺埃尔・卡罗尔

艺术与社会理论——美学中的社会学论争　[英]奥斯汀・哈灵顿

艺术哲学：当代分析美学导论　[美]诺埃尔・卡罗尔

美的六种命名　[美]克里斯平・萨特韦尔

文化的政治及其他 [英]罗杰·斯克鲁顿
当代意大利美学精粹 周 宪 [意]蒂齐亚娜·安迪娜
社会系统中的艺术与文学 [德]尼克拉斯·卢曼 著 [德]尼尔斯·韦贝尔 编

现代日本学术系列

带你踏上知识之旅 [日]中村雄二郎 山口昌男
反·哲学入门 [日]高桥哲哉
作为事件的阅读 [日]小森阳一
超越民族与历史 [日]小森阳一 高桥哲哉

现代思想史系列

现代主义的先驱:20世纪思潮里的群英谱 [美]威廉·R.埃弗德尔
现代哲学简史 [英]罗杰·斯克拉顿
美国人对哲学的逃避:实用主义的谱系 [美]康乃尔·韦斯特
时空文化:1880—1918 [美]斯蒂芬·科恩

视觉文化与艺术史系列

可见的签名 [美]弗雷德里克·詹姆逊
摄影与电影 [英]戴维·卡帕尼
艺术史向导 [意]朱利奥·卡洛·阿尔甘 毛里齐奥·法焦洛
电影的虚拟生命 [美]D. N.罗德维克
绘画中的世界观 [美]迈耶·夏皮罗
缪斯之艺:泛美学研究 [美]丹尼尔·奥尔布赖特
视觉艺术的现象学 [英]保罗·克劳瑟
总体屏幕:从电影到智能手机 [法]吉尔·利波维茨基
[法]让·塞鲁瓦
艺术史批评术语 [美]罗伯特·S.纳尔逊 [美]理查德·希夫
设计美学 [加拿大]简·福希
工艺理论:功能和美学表达 [美]霍华德·里萨蒂
艺术并非你想的那样 [美]唐纳德·普雷齐奥西 [美]克莱尔·法拉戈
艺术批评入门:历史、策略与声音 [美]克尔·休斯顿

艺术史:研究方法批判导论 [英]迈克尔·哈特 [德]夏洛特·克朗克
十月:第二个十年,1986—1996 [美]罗莎琳·克劳斯 [美]安妮特·米切尔森
[美]伊夫-阿兰·博瓦 等

当代逻辑理论与应用研究系列

重塑实在论:关于因果、目的和心智的精密理论 [美]罗伯特·C. 孔斯
情境与态度 [美]乔恩·巴威斯 约翰·佩里
逻辑与社会:矛盾与可能世界 [美]乔恩·埃尔斯特
指称与意向性 [挪威]奥拉夫·阿斯海姆
说谎者悖论:真与循环 [美]乔恩·巴威斯 约翰·埃切曼迪

波兰尼意会哲学系列

认知与存在:迈克尔·波兰尼文集 [英]迈克尔·波兰尼
科学、信仰与社会 [英]迈克尔·波兰尼

现象学系列

伦理与无限:与菲利普·尼莫的对话 [法]伊曼努尔·列维纳斯

新马克思阅读系列

政治经济学批判:马克思《资本论》导论 [德]米夏埃尔·海因里希
批判理论与政治经济学批判:颠倒与否定理性 [英]维尔纳·博内菲尔德

西蒙东思想系列

论技术物的存在模式 [法]吉尔贝·西蒙东

列斐伏尔研究系列

马克思主义思想与城市 [法]亨利·列斐伏尔

La société du spectacle
© Gallimard (Paris)，1992.
Simplified Chinese edition copyright © 2017 by NJUP
All rights reserved

江苏省版权局著作权合同登记　图字：10 - 2012 - 013 号

图书在版编目(CIP)数据

景观社会 /（法）居伊·德波著；张新木译. 一 南
京：南京大学出版社，2017.5(2025.10 重印)
（当代学术棱镜译丛 / 张一兵主编）
ISBN 978 - 7 - 305 - 17529 - 9

Ⅰ.①景⋯　Ⅱ.①居⋯②张⋯　Ⅲ.①资本主义社会
—研究　Ⅳ.①D033.3

中国版本图书馆 CIP 数据核字(2016)第 212585 号

出版发行　南京大学出版社
社　　址　南京市汉口路 22 号　　　　邮　编　210093
丛 书 名　当代学术棱镜译丛
丛书主编　张一兵
书　　名　景观社会
　　　　　JINGGUAN SHEHUI
著　　者　［法］居伊·德波
译　　者　张新木
责任编辑　陈蕴敏
照　　排　南京南琳图文制作有限公司
印　　刷　南京鸿图印务有限公司
开　　本　787 mm×1092 mm　1/16 开　印张 16.75　字数 225 千
版　　次　2017 年 5 月第 1 版　　印次　2025 年 10 月第 12 次印刷
ISBN 978 - 7 - 305 - 17529 - 9
定　　价　48.00 元

网址：http://www.njupco.com
官方微博：http://weibo.com/njupco
官方微信号：njupress
销售咨询热线：(025) 83594756